押井守の映像日記

ネットしてたらやっていた

押井 守

contents

第1章

第2章

第3章

第4章

初出
「MAMORU OSHII MAIL MAGAZINE」
2016年12月1日〜2018年5月9日掲載

イラスト　黄瀬和哉
解説・インタビュー　渡辺麻紀
ブックデザイン　上杉季明

第1章

2016.12～2017.5

その1

Fallout 4 (PS4版)

ちょっと待て。

「時事砲弾」はどうなったんだ？

本メルマガの目玉企画である「時事砲弾」に替えて新連載を開始するにあたり、まずはその事情を明らかにするのがスジというものでしょう。

実は何を隠そう「時事砲弾」が怒らせてしまった世界の半分の中に、そのスジの強力な方がおられて編集部が連載中止の勧告を受けたから…ではありません。2年くらいやってみようか、ということで始めた本メルマガも、当初の2年間の予定を大幅にオーバーランして遂に100号を迎え、いいかげん何か新しい事を始めなけりゃ飽きちまうと私が提案し、そりゃそうだよなと編集部もこれに同意した結果なのです。

遥か以前に某アニメ雑誌で連載し、（まるで売れないという）苦節を経て二度までも書籍化された『**TVをつけたらやっていた**』（徳間書店）を読まれたことのある読者なら御存知かもしれませんが、テレビで放映された映画の、それも途中しか観てない映画の感想を、資料を参照することもなく、いい加減な記憶と妄想に基づいて語り、これこそが映画鑑賞のリアルな体験の再録なのだ、と称して開き直っていたコラムこそが『**TVをつけたらやっていた**』なのであり、今回の連載はその（いま流行の）リブートということになります。

ンなものどうでもいいから「時事砲弾」を継続しろ、プーチンの野望はトランプの暴走はどうするんだ、という読者もおられるかと思いますが、何事においても継続は力である以前に、継続するためにはなにより新たなモチベーションが必要であることは、2015~2016シーズンのチェルシーの不甲斐なさと、あのモウリーニョに替えて監督にアントニオ・コンテを迎えた今期の快進撃ぶりを目撃している方々なら御案内の通りであります。大型補強したわけでもないのに、どう考えても同じクラブチームとは思えないという、その原動力こそが選手たちのモチベーションにあることは明らかであります。モウリーニョって、やっぱり嫌われてたんだなあ。

というわけでマンネリはいけません。常に新たな情熱を開拓する努力が必要です。

私もアレフガルドでの建設事業を半年以上も継続してきましたが、その情熱を遂に喪失するに至って全面撤退を決めたばかりです。

このまま「時事砲弾」を惰性的に継続しても、世界の半分を怒らせるどころか、悲憤慷慨を重ねた筆者が「いっそのこと核戦争でも始まってしまえ!」と叫び始めることは、これはもう必至であり、映画の企画が通らない映画監督のストレスというものは、世界の破滅を待望するに至るほど凄まじいものなのです。

まあ、それは冗談ですが。

ということで本当に核戦争が始まり、その結果として無法地帯と化した廃墟に銃弾とヨーカンが乱れ飛ぶ『Fallout 4』のお話です。

ちょっと待て、『**続・TVをつけたらやっていた**』の連載開始は良しとしても、その記念すべき第一弾が映画ですらないゲームの話なのか、と思われた読者の方に、その事情を明らかにするのがお話を始めるに当たってのスジというものでしょう。

実は何を隠そう（という程のものでもないのですが）アレフガルド巨大廃墟建設計画からの撤退を決定してからこちら、「TVをつけたらやっていた」のは『**Fallout 4**』だけなのです。

いや、本当の話。どちらかと言えば、にわかYouTuberとして『**Fallout 4**』の動画を横目に見ながら『**DQB**』（編集部注＝『**ドラゴンクエストビルダーズ**』の略）をやっていたというのが実情であり、数年に一度の「神ゲー」と呼ばれる『**Fallout 4**』がなかったら、いまだにアレフガルドを彷徨していたことでしょう。

というわけで栄えある（という程のものでもありませんが）新連載の第一弾を映画でなく『**Fallout 4**』（PS4版）で始めさせて戴きます。

あらかじめ言っておきますが、本メルマガの読者諸氏におかれては、気合いの入ったゲーマーが少数派であることにも鑑み、2回目以降も延々と『**Fallout 4**』の連載を続ける意図はありません。

御安心あれ。時は世界を破滅させた核戦争から210年が経過した2287年。主人公が210年間の冷凍睡眠から覚醒した舞台は、マサチューセッツ州ボストンの郊外のようです。

なにしろマニュアルも何もないのが洋ゲーの常なので、操作方法すら判りませんが、いろいろやっていくうちに判る仕掛けになっております。『DQB』では公式ガイドブックのお世話になりましたが、今回の頼りはネット情報とYouTubeだけです。「初心者でも大丈夫！ Fallout 4」の「くまさん」にはお世話になりました。

ちなみに、冒頭の核戦争勃発のシークエンスは素晴らしい。臨場感と緊迫感に満ちあふれた演出です。主人公は覚醒と同時に伴侶を殺害され、最愛の息子を誘拐された事実を知ります。のっけから最低最悪の暗い幕開けです。

ちなみにゲームスタート前にキャラクターの性別を決めるシステムですが、男女どちらを選んでもアメリカンでベタな親父かオバはんです。いま話題の『FF15』（編集部注＝『FINAL FANTASY XV』の略）みたいなカマゲー（失礼）のホスト顔が好きなんよ、という方には全く向かないゲームですので念の為。顔や髪型をいじくるツールもありますが、所詮はアメリカンでベタな親父かオバはんですから、『FF15』のホスト顔にはなりません。私はRPGはオッさんか少年でやる主義なので、用意されている複数のプロトタイプからモンゴロイド風の親父を選び、これに可能な限りの改造を加えて、ダンゴ鼻で細目のハゲっぽいヒゲ親父を作成しました。

実は今回に限って露出系のステキなオバさんでプレイしようかと思ったのですが、プロトタイプをどういぢってもステキなオバさんになりそうもなく、例によってネットに繋がないスタンドアロンなのでＭｏｄの導入も諦めました。

ゲームに興味のない方には何が何やら判らないかもしれませんが、これでも判りやすく書いているつもりなのでご容赦ください。

メインストーリーと関係なく、やりたい事なら何でも出来る（スキルとリスクを負う覚悟は必要ですが）オープンフィールドと呼ばれる形式なのですが、私の方針は左記の通りです。

●いかなる組織とも徒党を組まない。
●相棒（コンパニオン）はDogmeatという名前の犬に限定。
●アイテム無限増殖などの裏技や卑怯技には手を出さない。
●ドラッグやアルコールなどのバフ（一時的に能力の上がるアイテム）は使用しない。
●妻を殺害し息子を誘拐したハゲ親父の凶悪犯は見つけ次第、穴だらけの死体にする。
●誘拐された息子の捜索は行わない。この世界の何処かで逞しく生きているでしょうが、悪党として登場した場合は殺害を躊躇しない。
●基本的にストーリーは辿らずに殺戮と略奪だけで自立の途を歩む。
●拠点づくりや町の造成などは行わない。

現在100時間以上プレイしましたが、未だにレベル17です。序盤の序盤です。出会う人間は無気力な「村人」以外はロクでもない悪党か偽善者ばかりの素晴らしい世界ですし、ミッションも請け負わずクラフトも可能な限り行わないので、なかなかレベルが上がりません。それで良いのです。

ようやく本格的なスナイパーライフルを入手したので、遠距離射撃で悪党どもを殺戮してハイエナを繰り返す、犬を唯一のお供に荒野と廃墟を彷徨する堂々たるスカベンジャーとして生きています。

自宅でしか遊ばないので、おそらく1年間は楽しめるでしょう。イヤかもしれませんが、折りに触れてレポートしたいと思います。読者の少数派かもしれませんが、原理主義者と偽善者と悪党しか存在しない暴力の世界でサバイバルしたい方には絶対のお薦めです。

数年に1度のゲームであることは間違いありません。次号からは正しい『**TVをつけたらやっていた**』として、可能な限り誰も観ていないであろう映画を紹介したいと思います。

んじゃまた。

その１ **Fallout 4(PS4版)**

●その1『Fallout 4（PS4版）』
（15年発売／米国）

核戦争後の世界を舞台にした大人気オープンワールドアクション RPG シリーズの第4弾。『Fallout 3』の10年後、2287年の米国ボストンで、冷凍冬眠装置のエラーで目覚めた主人公のサバイバルを描いている。

その2

ウォー・ロード／男たちの誓い

ジェット・リーさんが兵馬俑の如き甲冑を装備して登場します。

この映画は3度目くらいで、いつも同じ戦場のシーンから始まりますが、どうやら中盤の山場の城塞攻囲戦のようです。中国映画にしては珍しく塹壕が描かれていて、だからこそ注目して見始めたのですが、中国映画で塹壕戦が描かれていることは実は大変に珍しいことなのです。千人単位の兵士や騎馬を揃えるシステムはあっても、塹壕のオープンセットは予算がかかる為なのかもしれません。兵士たちの手にしているのは弓や槍だけでなく小銃も混じっていますから、おそらく清朝末期を時代背景にしているのでしょう。目を皿のようにして見たのですが、実際の発砲シーンは少なく、ボルトアクション式のライフル銃なのかどうかも不明です。ンなもんどうだっていいじゃんと思われるかもしれませんが、映画に登場する銃器は実は情報の宝庫なのであり、その型式から様々な背景が浮かび上がるものなのです。それが時代考証的にいい加減なものであるとすれば、それはそれで「そういう映画なのだ」という前提条件を確認できますから、無駄ではありません。

「映画は途中からでも3分見れば判断出来る」と私が常日頃から豪語している根拠は、映画鑑賞はストーリーよりディテールが重要なのだという確信があるからなのであって、単にホラを吹いてる訳じゃありません。服装や建築の型式にも様々な情報が盛り込まれていますから、いつの時代のどの地域の映画なのかを特定するのに3分間あれば概ね判断がつくのです。その観点からするなら、銃器という特殊アイテムは文字通り情報の宝庫なのであり、それなりの（銃器マニア的な）常識があれば時代背景を特定出来る重要証拠物件なのです。指揮官が甲冑着用で兵士たちは制服も何もない民兵状態で小銃と刀剣が混在していますから、これは日中戦争以前、清末の洋務運動の時代ではないかと当たりがつきます。だとするなら兵士の手にした小銃はボルトアクションライフルである筈がありませんし、その型式もバラバラであって当然です。おそらくヨーロッパの武器商人から購入した型落ちのパーカッションライフルの類いでしょう。

ストーリーは成り行きを眺めていれば未見の部分は想像できますから、冒頭から見なくても後付けの妄想でオッケイなのです。滅茶苦茶だと思われるかもしれませんが、私は65歳のこの歳になるまで映画をそのように見続けて来たし、それで不自由を感じたことはないので、それで良いのです。そもそも二時間前後で完結する映画のストーリーというものに無限のバリエーションなんぞある訳がなく、いずれはどれかの類型に収まるものなのですから、何十年も映画につきあって監督までやってる人間に、そのへんの判断が出来ない訳がありません。そして、そういった鑑賞法に特化しない限り、演出の引き出しを増やすことなんか出来やしません。あのゴダールも途中から入場して10分くらい見て退場することを繰り返したそうですから、似たようなことを考えていたのでしょう。まあ、誰にでもお勧め出来る方法ではありませんし、同伴者がいる場合は（特に女性の）嫌がられることも事実ですし、実際にゴダールも嫌がられていたそうです。私もよく文句を言われております。

ちなみに、この連載は映画批評なんぞではなく、何の資料も調べずに曖昧な記憶だけで書くことが主旨なので資料的価値も限りなくゼロに近いシロモノです。そのつもりで読んでください。もしかしたら役者さんどころかタイトルも違っているかもしれません。

攻囲戦というものは大変に時間がかかるものであり、特に中国における戦闘は城廓を巡らした都市を包囲することが常態であって、野戦はむしろ例外であったようですから、攻守双方が飢餓との戦いになります。破竹の進撃を遂げて来た（らしい）ジェット・リーさんも苦悩の将軍と成り果てています。

生命の保障と給養（軍隊ではそう言うのです）を条件に降伏の勧告を伝えに行くのが、人望において敵にも知られているらしい、これは私でも知っているアンディ・ラウさんです。誠実を絵に描いたような顔です。その様子を見守っているのが、これも私でも知っている金城武さんで、この3人が盟約を結んだ義兄弟なのだと想像がつきます。まるで似ていないだけでなく、その努力の痕跡も見られませんし、中国映画の場合は戦場で兄弟と言えば義兄弟であることが殆どですから間違いないでしょう。籠城軍の指揮官はラウさんとは旧知の仲らしく、ということは攻守双方が共に、元は飢餓から蹶起した土民軍なのでしょう。そういった会話の後に、降伏するか否かを賭けた一騎打ちになりますが、これはこの手の映画の常道です。誰だか知りませんが、なかなか大した役者さんらしい敵の指揮官は、飢えた兵士たちのために敢えてラウさんに討ち取られて死にます。まあ、これもまた常道ではあります。

で、事態はここから本題に入ります。飢えた捕虜の処遇をめぐって3人の義兄弟が激しく対立します。勝利した側だって飢えていますから、捕虜に糧食を与える余裕なんてありません。ましてや南京攻略をめぐって、ライバルの軍が先行したという情報も入っており、事態は時間の争いになっています。

「これは誰の饅頭だ」とジェット・リーさんは饅頭を握りしめて問いかけます。もちろん中にはアンコも肉も入っていない中華式の素のマンジュウです。中国映画ではお馴染みのアイテムであり、邦画ならオニギリになるのでしょう。

余談ですが、中国では実際に行軍中に糧食の小麦粉を蒸かして食べていたのでしょうか。彼らの食習慣に硬く焼いた洋式のパンはなかったと思うのですが、だとするなら外地でもコメ炊いて喰っていた帝国陸軍と同じであって、列強の欧米軍に野戦で勝てる道理がありません。

「オレは村を出た時に仲間を飢えさせない誓いを立てたのだ」

「捕虜を殺さないと約束した」

ラウさんも一歩も引きません。ここで男の約束を違えたのでは、部下の兵たちのために死んだ男の立つ瀬もありませんし、第一、義のために蹶起した自分たちのイデオロギーを自身で裏切ることにもなります。

「彼らはもはや兵士ではない。糧食を与えて解放しろ」

「捕虜も解き放って武器を持てば兵士だ」

捕虜を解放すれば潜在的な脅威になるのは、その通りです。

それにライバルの軍が先に南京に入城すればどうなるかと言えば、

「奴らはオレたちとは違う。大虐殺になる」

理は完全にリーさんにありますが、義の人であるラウさんには受け入れられません。政治的判断とイデオロギーの全面対決です。金城武さんは義兄弟の対立を憂慮しますが、ここではリーさんの支持に回ります。「兄さんが正しい」と口にして次兄のラウさんに殴られますが、いくら殴られても「兄さんが正しい」を繰り返します。

簡潔ですが優れた性格描写です。間違いなく、この映画の最大の山場です。

「喰わせてやれ、最期なのだから」とリーさんは決断します。

阻止しようとしたラウさんはリーさんの腹心の部下に棍棒で殴られてあっさり昏倒し、鎖に繋がれます。

そして虐殺が始まります。撃たれる方も撃つ方も泣いています。

「放て」と処刑を指揮する金城さんも泣いています。

リーさんも背中を向けて涙を流しています。ラウさんに至っては鎖も千切れよ、とばかりに暴れ回って号泣します。虐殺しているのは自分たちと同じ飢えた民衆であり、昨日までの自分自身であり、自らが唱えた義そのものでもあります。血涙を絞る大虐殺シーンであり、中国映画ですからテンション無制限の山場ですが、監督の力の入れ具合も尋常一様ではありません。

ちなみに、銃殺でなく弓で射殺していますが、その理由は弾薬を節約しているからなのでしょうか。実はかねがね疑問に思っていたのですが、戦場で用いた矢は死体処理の場で回収して再利用するものなのでしょうか。この辺りの描写が克明に描かれた映画を見たことがないし、寡聞にしてその辺の事情を詳らかにする書籍を読んだこともありません。どなたか御存知の方は御一報ください。

ゲームでは回収して再利用しているものもあります。『resident evil』のボウガンですけど。

そして舞台は南京攻略後に北京に移駐した3兄弟の場となります。南京攻略戦をスッ飛ばしたのは映画の主眼が戦争映画とは異なるという監督の意思の表明であり、当然の判断です。

映画は西大后の北京政府にリーさんが絡めとられていく過程を坦々と描きます。権謀術数が渦巻く宮廷内の権力争いを警戒しつつも、リーさんは清朝政府に帰順することで自治権の確立を目指しますが、政府はリーさんに過激な原理主義者であるラウさんの排除を求めます。

理想に近づけば近づくほど自らの義を喪い、義兄弟の盟約は累卵の危機を迎えます。この過程でリーさんとラウさんの妻の不倫なんぞも点描されたりしますが、これは男臭い物語に色を添えようという制作者の配慮なのでしょう。監督のテンションも上がりませんし、リーさんのラウさん暗殺の決意を誤解した金城さんによって、ラウさんの妻はあっさり刺殺されます。

「なぜ私は死ななければならないの」

そう呟いて彼女は死にますが、もちろん映画の都合によって死ななければならないのです。何という女優さんか存じ上げませんが、あんまりな役ではあります。私が観なかった前半に、それなりの見せ場はあったのかもしれませんが仕方ありません。

原理主義者ラウさんは現実主義者リーさんの政治的判断によって謀殺されますが、そのリーさんも義兄たちの葛藤を遂に理解できなかった金城さんとのアクションの最中に、宮廷内旧守派の凶弾に倒れます。

中国の歴史は、この繰り返しなのだという監督の明快な結論です。その広大な地勢ゆえに、合理的な統治機構を遂に持てぬまま民衆は飢餓を繰り返し、義に拠って蹶起した人民軍は首都を目指して攻め上るしか政治目標がなく、これにとって変わって新たな独裁者となるか、絡めとられて使い捨てにされるしかなかった。その過程は実は共産党独裁の現在も本質的には変わっていない、とまでは描いていませんが推して知るべしでしょう。

リーさんが紫禁城に登城するシーンで、印象的な会話がありました。先導する老官僚の台詞です。

「門を潜ってからどれだけ歩けば辿り着くのか、驚いたことじゃろう」

無言で同意するリーさんに、老官僚はこう告げます。

「わしは三十年かかった」

下級官僚から始めて、ここまで上り詰めた苦労人なのでしょう。

紫禁城の広大さも壮麗な儀式も、これ全て外夷を畏れさせるための仕掛けであり、中国という国の政治は常にその見せ掛けによって延命してきたのだと語る、説得力のあるシーンです。

何を作ってきたか知りませんが、この監督は只者じゃありません。映画の最後にリーさんの死は未だに歴史の謎であるとテロップで流れますが、してみるとこの物語は史実に基づくものであり、あちらでは有名なお話なのでしょう。タイトルからすると武俠ものかと思いますが、意外にもシリアスな政治劇だったりするので侮れません。だからこそ3回も観たんですけどね。

まあ、未だに前半がどんなものか知りませんが。興味のある方はレンタル屋さんに走るか、アマゾンでポッチリしてください。

んじゃまた。

●その2『ウォー・ロード／男たちの誓い』
（『投名状』／07年／中国・香港合作）
監督／ピーター・チャン
出演／ジェット・リー、アンディ・ラウ、金城武

清朝末期に起きた“馬新貽殺害事件”に材を取ったアクション。義兄弟の契りを交わした3人の男たちの葛藤を描く。監督は『ラブソング』（97）等、ラブストーリーを得意としていたピーター・チャン。同じテーマを映画化したものにチャン・チェ監督による『ブラッド・ブラザース　刺馬』（73）がある。ちなみにこちらの助監督はジョン・ウーだった。

その3

ライ・トゥ・ミー／嘘は真実を語る

映画でなくドラマです。

一時的に浴びるほど海外のドラマ・シリーズを見ていた時期があったのですが、その方法論を『**TNG**』（編集部注＝『**機動警察パトレイバー THE NEXT GENERATION**』の略称）で実践してみたら途端に興味が失せてしまい、最近はご無沙汰でした。

結局そういう見方しかしていない、ということなんでしょう。まあ、『**DQB**』がモニターを独占していたし、現在も『**Fallout 4**』が忙しくてTV番組を見ていないのですが、休憩時間にプチプチ（リモコン）をいじっていて偶然に見掛けたのが、今回の『**ライ・トゥ・ミー／嘘は真実を語る**』だったのでした。もちろん途中からですが、このシリーズは結構気に入って何度か見ていたので不自由は全くありません。

それにしても「嘘は真実を語る」なんて、まさに私のために決定されたようなタイトルです。お前は嘘つきだと、子供の頃から言われてきた私ですが、このドラマの主人公は人間の微妙な表情の変化から嘘を見破る天才で、精神行動学（という学問があるのだそうです）の学者です。精神行動学の第一人者だから嘘を見破るのが巧くなったのか、他人の嘘を見破る天賦の才があったから精神行動学者になったのか不明ですが、それはまあどちらでもよろしい。要はイヤな野郎だという性格設定がポイントです。様々な理由から、つまり自己利益のためだけでなく周囲の人間を含めて最大多数を幸せにするために敢えて嘘をつくという幸福論の実践として人は嘘をつきますし、そうでなくても嘘をつかない人間は存在しません。

私は知り合いのアニメーターの結婚式に主賓として出席し、「秘密を持たない夫婦は破滅する。幸せな家庭生活の実現のためにガシガシ嘘をつきましょう（大意）」とスピーチして出席者（オバさんたち）の大顰蹙を買いましたが、オヤジたちには大ウケでした。男は女より嘘に寛容だ、というわけではありません。本来は女性の方が男性より遥かに嘘が上手であり、そうであるがゆえに自分の（無意識の）嘘に気づかないに過ぎないのです。要するに嘘が巧すぎて本人がそのことに無自覚であるだけなのですが、これ以上書くと確実に人類の半分を怒らせるので書きません。

ちなみに、モーゼもキリストも「嘘をついてはならない」と仰っていましたが、世界中の宗教を眺めても「嘘も時にはオッケイ」という教えを説く宗教は存在しません。孔子さまは「君子は豹変す」とか言ってましたが、まあ儒教は宗教とは異なりますから除外しても良いでしょう。レーニンも「階級的利益のためにはバンバン嘘をつけ」と言いましたが、ボルシェビズムは⁇　まあ、あれは結果として宗教みたいなものになりましたけど。ちなみにカクメイのための嘘は「過渡的綱領」とか「マヌーバー」と呼ばれていました。私も高校生の時は「マヌーバーの天才」と呼ばれ、それを自負してもいましたし、担任の教師に「お前は嘘つきだ」と面罵（めんば、と読みます）されても全く動揺しないことで有名でもありました。

やはり映画監督になるべくして生を受けたのかもしれません。映画監督はもちろん自動的に、所与として、同義反復的に嘘つきですが、これが犯罪者ともなると間違いなく嘘つきに決まっています。正直者の犯罪者なんて形容矛盾ですし、そもそも嘘をつかなきゃ即、電気椅子か刑務所行きですから当たり前の話です。

で、ドラマの話ですが、主人公のライトトマンさんは学者であって捜査官ではないのですが、その才能を社会の役に立てるべく、時にＦＢＩからの依頼を受けて捜査に協力すると、まあそういう設定になっております。まあ当然の設定でしょう。制作者なら嘘を見破る天才の学者の日常、ではドラマにならないと誰でも判断するでしょうし（私はそうは思いませんが）、シリーズの長丁場は基本的に事件のバリエーションでしか支えられないと考えるでしょう（私はそうは考えません）が。しかしながら、捜査協力といっても学者さんですから、売人を締め上げる的な暴力的な捜査活動もできませんし、回し蹴りもできませんから、見せ場は必然的に尋問シーンに集中します。お話は必然的に心理的な展開にしかなりようがありませんから、脚本家と演出家と役者さんの腕の見せ所になります。犯罪ドラマとしては端からハードルが高い設定です。まあ、だからこそ注目して見ていたのですが。

ちなみに海外のドラマには、こういった変則的な捜査活動を描いたドラマシリーズが、たとえば臨床医が病根を追求する『**Dr.HOUSE**』とか元詐欺師の『**メンタリスト**』とか、他にも結構ありますが、決め手はやはり脚本であり、何よりも主人公のキャラクター設定になります。概ね、というよりほぼ間違いなく変人であり、嫌われ者であり、性格破綻者です。そうでしかあり得ません。

日本の刑事ドラマみたいな、涙モロい人情派なんて見たこともありません。ライトマンさんも、コロンボよりイヤな奴です。他人の内面に土足で上がり込むなんてもんじゃありません。

マクロ的に人の顔をジロジロ覗き込むし、相手を動揺させるために何でも口走るわ、弟子たちには暴君として振る舞うわのヤリ放題で、まるで現場における映画監督そのものです。演じているティム・ロスさんも実に楽しそうです。当然のことながら私生活でも奥さんに逃げられたバツイチですが、そもそも「嘘を見破る天才」なんかを旦那に選んだ時点で奥さんも相当に変わり者で、実は離婚後もカンケイがあったりします。週一くらいで泊まりに来る別居中の娘も、時に親父の顔を眺めてひと突き入れたりしますから、末が案じられます。一般市民を擬装していますが明らかに変人一家です。

肝心のストーリーを書く余地がなくなりつつありますが、今回は若い女性の目を酸で焼いてからレイプするという、トンデモ連続犯罪者の、そのまた模倣犯の所在を収監中の本人から訊き出すという複雑なお話です。この犯人は当然のことながら性格破綻者ですが知能犯でもあり、変態連続犯に特有の自己顕示欲のカタマリでもありますから、心理捜査に定評のあるライトマンさんに挑戦して一騎打ちを挑みます。まあ、結論から言っちゃうと、嘘つきの天才でもある手強い相手を籠絡（ろうらく、と読みます）するために、敢えて初手は騙されたふりをして弟子たちの前で恥をかき……。と思わせて実は、というありがちな展開ではありますが、愛弟子はもちろん研修生まで含めた周囲の全ての人間を騙していたのダ、という脚本の手口はなかなか見応えがありました。で、模倣犯の正体はといえば、これまたドラマの常套手段ですが、初見のオッサンなんぞであるわけがなく、中盤からしっかり登場していたあの人でしたが、意外性と言うより「そんなンありか」という展開で、これは明らかにやり過ぎでした。敢えて書かないのはネタバレ予防というより面倒臭くなったからで、他意はありません。

興味のある方はＣＳの再放送かレンタル屋さんでどーぞ。それにしても、こういう脚本家が束になってかかるのですから、やはり海外ドラマは侮れません。でも今は『Fallout 4』の方がいいや。

んじゃまた。

●その3『ライ・トゥ・ミー／嘘は真実を語る』

(『Lie to Me』／09〜11／米国)
クリエーター／サミュエル・ボーム
監督／ダニエル・サックハイム、マイケル・ジンバーグ
出演／ティム・ロス、ケリー・ウィリアムズ

精神行動分析学者であり著名な心理学者が、その能力を犯罪捜査に活かして真犯人に近づく。押井さんも書いている「離婚後もカンケイがあったりする」元妻を演じているのは『フラッシュダンス』(83)で知られるジェニファー・ビールス。3シーズン続いたFOX−TVのドラマシリーズ。

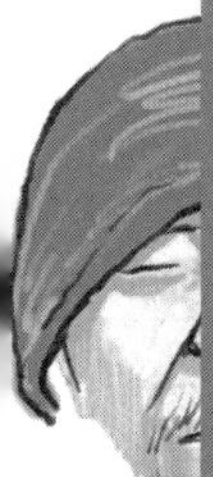

その４
ベルセルクル
オーディンの狂戦士

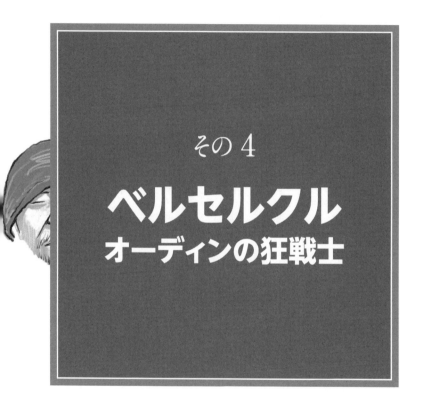

今回は珍しく録画ものです。どういうつもりで録画したのか、全く記憶にありませんが、タイトルからすると就寝前の鑑賞用なのでしょう。私は風呂から上がって寝る前には必ずTVで映画かドラマを布団に潜ってガチャ見する習慣なのですが、なにしろ眠くなるまでの鑑賞用ですから、意外に選択が難しいのです。どこから見ても、どこで中断しても構わないような作品が望ましいのですが、意外にこれが難しい。思わず座り直すような異色作や、感動して眠れなくなるような傑作は問題外ですから、自ずとB級の匂いの漂う、キャストもそれなりの、語るに相応しくないような凡庸なアクションものあたりが安眠への片道キップになります。この作品はそのタイトルからして、すでにその条件を満たしていると判断してキープしておいたのでしょう。世に言うB級マニアは例外として、無作為に100人の通行人を選んで尋ねたとしても、おそらく98人は余程ヒマでない限り見ないと答えるでしょう。

ちなみに私はキライではありません。期間限定でしたが、ワゴンセールで200円レベルの妖しげなビデオを買い漁っていた時期もあるのです。**『アマゾネス軍団VS吸血ゾンビ』**（編集部注＝正しくは**『マフィアVSアマゾネス軍団』**）とか、まあそういった類いの、配給業者がパックで買わされて仕方なく製品化したものの、辻本（貴則）がアルバイトで予告編を編集するまでもなく、生産と同時にワゴン直行みたいな作品群です。一時は仕事場の棚を埋めていた時期もありました。もちろん、その全てを鑑賞するほど暇な人生を送っているわけではありませんから、パッケージを眺めていただけで、突然思いついた先日の断捨離で今は影も形もありませんから、譲ってくれと言われてもダメです。一本２００円くらいと言っても、一体そんな無駄コレクションになぜ励んだのかといえば、もちろんそれなりの理由はあるのですが、それを説明することは今回のコラムの主旨ではありませんし、そもそもその理由を説明すること自体に困難が予想されるので書きません。

前置きが長くなりましたが、要するにそういった映画であろうと判断して録画しておいたのでしょう。**『オーディンの狂戦士』**とありますから北欧の、おそらくはバイキングの英雄譚の類いでしょう。無名のアクション俳優がマッチョな主人公を演じ、これまた泡沫感の漂う金髪の露出系のお姐さんが色を添えるような、撮影一週間、合成は個人出しで、仕上げ三日みたいな、安眠用に相応しい作品が直ちに想像できます。

再生を開始します。いきなり凄い田舎の貧しい家族の描写が続きます。ちょっと意表を衝かれました。

主人公らしき青年とその弟の少年が狩りをしていますが、木を削っただけの鏃（やじり、と読みます）もない矢を用いた弓が一張だけです。これではリスか野鳥くらいしか収穫は期待できず、猪なんぞに挑んだら返り討ちは必至でしょう。貧しいなどというレベルでなく、ほとんど原始状態です。隣近所など存在しないアバラ屋に旅から戻った父親が、これはさすがに馬車に乗って登場しますが、兄弟同様のみすぼらしい身なりで、哀れを催す以前にいささかげんなりしてきました。青年と老父の会話から、母親は幼い弟を残してすでに死んでおり、その原因がバイキングの襲撃であった事が察せられます。「父ちゃん（とは呼んでいませんが）、オレは家を出て兵士になるダ」と青年は打ち明けます。こんな地の果てで単純再生産以前の暮らしを続けるくらいなら、己の命ひとつを原資に一旗あげたいという、青年らしい当然の決断です。

「死ぬ覚悟はできてる」と青年は父に語ります。

若き日には兵士であったらしい父親は、兵士になるってのはそういうことじゃないんだ、みたいな事をブツブツ呟きますが、青年の意思はカタいようです。

そんなところへ北村大膳、じゃなくてバイキングの一団が登場します。丘の稜線に完全武装のバイキング軍団がズラリ、みたいなハッタリの効いた登場ではありません。家の裏手からすいません、みたいな唐突な出現です。なんの前フリもない、襲撃などと呼ぶのが恥ずかしくなるような4人組の登場です。主人公の家族と同レベルの乞食装備で、武器と呼べるものは手斧と棍棒だけです。

このまま見続けるのか、消して寝ることにするのか、判断を迫られますが、あまりに芸の無い演出に逆に一抹の期待感が湧きました。

傍らで爆睡しているセラを抱き寄せて鑑賞を続行します。

父親は若き日の記念品でもあるらしい鉄剣を抜き放って立ち向かいますが多勢に無勢で、あっさり敗退。急を聞きつけて再登場した青年が弓で立ち向かいますが、なにしろ鏃もついていないような手製の矢ですから、見事に命中しますが「痛えなこの野郎」くらいのダメージで、これでは投石の方がなんぼかマシな攻撃ですから、こちらもあっさり敗退。めでたく一家惨殺では映画になりませんから、兄弟は捕虜となり、父の形見の鉄剣は鹵獲品としてバイキング４人組のボスらしき大男の腰に収まります。ちなみにこの鉄製の両手持ちの剣が、この映画に登場するＭＡＸの武器のようですから、派手な活劇もアクションも存在しません。どうやら鉄製の武器自体が貴重品であることから察すると、バイキングがブリテンに侵入を繰り返していた９〜10世紀頃のイングランドが舞台なのでしょう。何度も書いてきましたが、武器や装備から時代背景を知るのが活劇映画の鑑賞法の基本です。

連行されたのは、どうやらバイキングの前哨基地、というのも恥ずかしいようなキャンプです。同じような捕虜たちが収監されている檻に放り込まれますが、檻といっても木の枝を編んだようなスカスカの檻です。なぜ誰も逃亡しないのでしょう。疑問は募りますが、美術監督が手抜きしたのでないとすると、もしかしたら象徴的なセットなのでしょうか。どうもバイキング４人組の登場シーンの唐突さも含めて、演出のリアリズムの基準が不可解な映画です。

これまた唐突に、顔を白塗りにしたシャーマンのようなオバさんが登場して踊り始めます。シャーマンのような、ではなくて本物のシャーマンのようです。なんという女優さんか知りませんが、振り付けも自前なのではないかというようなダルい踊りです。例によって音声をミュートして鑑賞しているので音楽も聞こえず、というより笛や太鼓を鳴らす人間がフレーム内に存在しませんから、アカペラのパントマイムなのかもしれません。シャーマンの末裔を自認する私の姉ちゃんが見たら何と言うか、訊いてみたいと思う間もなく踊りは終了し、御宣託が始まります。「オーディンに生け贄を捧げよ」みたいな台詞から推して、そもそもの襲撃の目的が食糧でなく生け贄だったのだという事実が判明します。シャーマンのオバさんに与えられた謎の薬品で4人組が泡を吹きます。

ドラッグによってアドレナリンが沸騰し、4人組がバーサークします。呪術師の常套手段です。

タイトルの「狂戦士」の意味が諒解できました。

大神オーディンに生け贄を捧げるための人狩りの儀式が始まります。

凄絶な、というよりパワフルではありつつも、基本的に俳優の肉体的限界内に収まった、ドタバタとした追跡劇が始まります。なにしろまともな衣服すら無く、防御力ゼロの生け贄たちですから、転んだだけで倒木の枝で重傷、捕まったら素手で心臓を抉り出されます。格闘以前に走り疲れた捕虜から脱落していきます。追いかけるバイキング側も武器は禁じられていますが、なにしろドラッグでバーサークしていますからスタミナ無制限です。走り疲れた主人公の青年が反撃に転じますが、元特殊部隊のセガールでもランボーでもありませんから、トラップを仕掛けるといった類いのアクション映画的演出もいっさいありません。繰り返しますが、監督はスタントも合成もいっさい使う気がないらしく、その決意は予算のカンケイというよりは演出の方針であるらしく、俳優の肉体的限界を踏み越えない範囲のド突き合いが延々と繰り返されます。

不思議な映画です。断じて活劇でもアクション映画でもありませんが、といって文芸映画であるわけがなく、芸術ともカンケイがありません。それでいて、観客に対するサービスなど一切無用だという、制作者もしくは監督の鋼鉄の意思だけは確かに感じとれる演出になっています。

一体全体、なぜこういう映画が制作可能なのか、配給可能だったのかが皆目判らない、という意味において不可解な映画です。

いちおう最後まで見たのですから退屈ではなかったのでしょうが、傑作でもいわゆる異色作でも問題作でもありませんし、もの凄くシンプルというより何の芸もない展開のストーリーですから難解である筈がありません。所謂「ケッタイな作品」という表現になりますが、生涯で二度と見ることはないでしょう。躊躇なくHDから消去して安らかに寝ました。

可能な限り見たことも聞いたこともない作品を選ぶのが当コラムのテーマですが、暇な方はネットで検索してみてください。営業意欲のあるレンタル屋さんには置いてないと思います。

んじゃまた。

●その4『ベルセルクル　オーディンの狂戦士』

（『Viking: The Berserkers』／14年／英／劇場未公開）
監督／アンソニー・スミス
出演／ソル・ヘラス、サイモン・アームストロング

バイキングに捕らえられたサクソンの青年たちは、彼らの儀式の生贄になる。監督のスミスは脚本&製作も担当。彼のその他の作品は『ザ・キング・アーサー外伝』（17）等、同ジャンルのものが多い。

その5
エイジ・オブ・ザ・ドラゴン
（前編）

今回も就寝用の録画でご機嫌を窺います。

昨今の配給事情に疎いので詳らかにしませんが、おそらく日本未公開のファンタジーものでしょう。例によって確信的推論です。なにしろ未公開映画の宝庫であるＷＯＷＯＷの深夜枠を録画したのですから、間違いないとは思いますが、あの怪作**『オンリー・ゴッド』**も同じ枠でしたから、油断はできません。油断はできませんが、とにかくドラゴンものなら何でも見ることに決めている私ですし、「ドラゴンものに傑作なし」という事情も熟知していますから、後悔しないように就寝用に録画しておいたのです。

もしかしたら隠れた秀作かも、と期待しつつ、傍らで爆睡するセラを抱き寄せて布団の中で鑑賞を開始します。

冒頭、草原を歩いているのはファンタジーにしては珍しや、幼い黒人の兄妹です。それで生計を立てているのでしょう。兄は罠に掛けたウサギか何かを慣れた手つきで捌き、傍らの幼い妹はすぐに飽きて小川に向かいます。この歳にして猟に励んでいるのですから、幼い兄妹には世話をする両親もない身の上なのだと判るシークエンスです。もし母親が存命なら、ここで母の存在を窺わせる台詞が入る筈ですが、たった一人の身内（でしょう）の妹を走るにまかせて、獲物に夢中の迂闊な兄のようです。案の定というか、やっぱりというか、その頭上を黒い影が過ります。ドラゴンものの登場の常套手段ですが、あまり上手な合成ではありません。私の相棒の「合成魔人」こと佐藤敦紀ならNGを出すでしょう。なにより速度感と質量感が足りません。開始3分にして映像のクオリティは諦めるしかなく、期待値はストーリーとキャラクターの造型のみとなります。

なかなか辛い展開です。

未公開はほぼ確定ですが、未公開だから全て駄作とは限りません。

過去に傑作と呼ぶに相応しい未公開作品を発掘してきた自負もありますし、就寝用としてはむしろ期待値が膨らみます。

小川で無意味に戯れている妹の描写に移ります。弄んでいた河原の石を水に沈める手つきと寂しそうな横顔、という定番の表現には監督のいかなる演出意欲も感じられません。こういったディテールにこそ監督は機能すべきなのですが、その気配が皆無なのですから、キャラクター方面にもダメ感が漂い始めます。残るはストーリーのみ、ということになりそうな気配が濃厚です。

映画は常に「可能性の予感」で鑑賞するものであり、その消去法こそが未知の作品に接する唯一の方法でもあり、私の「3分見れば全て判る」方式の根拠でもあります。

映画を楽しんで見る方法では無いので、お薦めはしませんが。

幼い妹が背後の気配に振り向いて表情が変わります。

これまた常套手段の演出ではあるのですが、なにしろ演技者が子役ですし、ジョディ・フォスターのような天才少女でもありませんから観客を説得する演技など期待出来る筈もありません。こんなカット割りを選んだ責任者出て来いのレベルです。あわれ少女は開始5分でドラゴンの餌食となり、兄である少年は逆上して突撃しますがドラゴンに一蹴され、ここで突如ナレーションが入ります。

「彼こそがドラゴンに立ち向かって名を挙げたエイハブである…云々」

ここでナレーションが入るということは、いままでのシークエンスが回想であるということになりますが、それらしい演出が皆無であったことを考え併せると、監督の意図というよりプロデューサーの判断で急遽「回想であることにしちゃおう」編集である可能性が大です。いままでの凡庸を絵に描いたような演出を考慮すれば当然かもしれません。なにしろ監督に編集権がなくて当然なのが、あちらの方式ですから。

がしかし、そんなことはどうでもよろしい。

ここでエイハブという名にピンと来ないマニアはモグリでしょう。

案の定というか、やっぱりというか。時は流れて十数年後、薄汚い酒場で薄汚い男たちが、稼ぎたいならピークォードに乗るしかないぜ、みたいな会話をしています。オレはイシュメイル、あっちにいるのはスターバックだと、芸の無いこと甚だしい会話で本作の正体が割れました。

御存知『**白鯨**』の翻案もののようです。開始10分も経たずにバレバレなのですから、確信犯でしょう。白鯨をドラゴンに置き換えた翻案ものならお手並み拝見です。何を隠そう(というほどのものでもありませんが)、私が初めて上司に提出した企画書が、実は『白鯨』の翻案でしたし、塾の演習で一度ならずお題にしたこともあるのが『白鯨』なのです。翻案ものの定番であり、かつ難題でもあるのが『白鯨』です。なにしろ物語は誰でも知っていても、ハーマン・メルヴィルの原作を読んだことのある人間は殆どいない、という点に関しては『丹下左膳』や『南総里見八犬伝』といい勝負の『白鯨』です。

さあ、やれるもンならやってみろと俄然、拳に力が入ります。拳に力は入りますが、いかんせん目玉と脳味噌が限界です。なにしろ朝食後からこちら、セラの散歩を除けば就寝までの全ての時間を『Fallout 4』に捧げていたので、もはや激しい睡魔に勝てなくなりつつあります。

という訳で、残りは次回に続きます。

ンないい加減なことでいいのか、と仰る読者もいるでしょうが、いいのです。初回にも書きましたが、このコラムは映画のレビューでも批評でも評論でもないのですから。目指すところは「映画はいかにして観られるか」の実況なのですから。実況中に睡魔に倒れたのですから、実況を順延するのは当然のことです。

待たるる次号!

ちなみに、開始10分弱の展開のテンポ自体は悪くありません。悪くはありませんが素晴らしいわけではなく、「予告編のアクマ」とも呼ばれる佐藤敦紀なら3分にしろ、と喚（わめ）くでしょう。凡庸よりは破綻を好む私は3分どころか30分でもオッケイですし、それどころか全篇の殆どが回想という傑作もあるのですが、本作は全てに凡庸さが滲み出ているので、不本意ながら佐藤敦紀に同意します。

●その5『エイジ・オブ・ザ・ドラゴン』

（『Age of the Dragons』／11年／米国／劇場未公開）
監督／ライアン・リトル
出演／ダニー・グローバー、ヴィニー・ジョーンズ、ソフィア・パーナス

ハーマン・メルヴィルの『白鯨』を翻案したドラゴン映画。“白鯨”に代わって“白竜（ホワイトドラゴン）”が登場し、イシュメイルはエイハブの養女と恋に落ちたりもするらしい。白竜退治は雪原で繰り広げられるが、そのドラゴンはトカゲ級のひ弱さで、遠くモビー・ディックには及ばないとか。エイハブに扮するのは『リーサル・ウェポン』シリーズ（87〜98）のダニー・グローバー。

その6

テラフォーマーズ

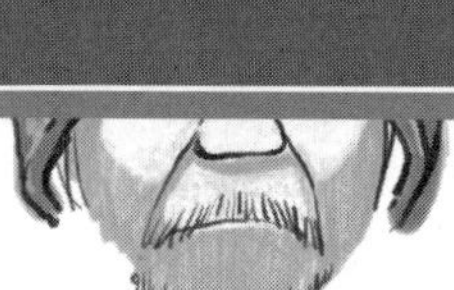

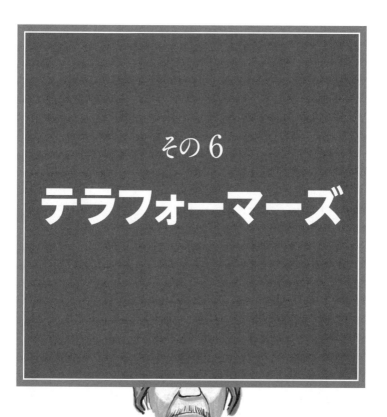

さて、前回は10分で睡魔に負けて中断してしまった『**エイジ・オブ・ドラゴン**』の後半、というより本篇そのものです。

と思ったのですが……。自宅のモニター内蔵HDの中に録画ファイルが見当たりません。どうやら消されてしまったようです。

何を根拠に消してしまったのか不明ですが、深夜に揉め事を起こすのもなんですし、ここは諦めるしかないようです。まあ、本稿のためにわざわざアマゾンで探して購入するほどのもんじゃありませんし、これはもう諦めるしかないでしょう。

前回の続きを楽しみにしていた読者（がいるとは思えませんが）には誠に申し訳ありませんが、諦めてください。かくいう私も諦めたのですから。そんなのヤだ、オレはどうしても後半（というより殆ど本篇ですが）を知りてえんだ、という方はアマゾンでポチッとやってください。

当然、責任は持てませんが。

というわけでオシマイ。

ではあまりに酷すぎるので、ウィンザー・マッケイ賞受賞で渡米する、そのデルタ航空の機内で鑑賞した『**テラフォーマーズ**』で時間と文字数を頂戴致します。

云わずと知れた三池崇史監督の（いつもの）問題作です。

トンデモ映画の宝庫と云われる三池作品の中にあっても、そのトンデモ度の濃厚さでは一、二を争うと世評も高い『**テラフォーマーズ**』です。ドキドキものの鑑賞です。

唐突に（おそらくは原作漫画のマンマであろう）ゴキブリ人間の登場です。まるで散歩の途中で宇宙人に鉢合わせしたような唐突さです。いきなり、ではなくて本当は状況を説明するシーンをそれなりに重ねた上での登場なのですが、それまでの時間経過が素っ飛んでしまうような唐突さです。小栗旬クンをはじめとする豪華キャスティングが消し飛ぶような、あらゆる期待を裏切る唐突さです。素晴らしい演出です。

機内食のフォークを落としそうになりました。

これはこういう種類の映画なのだ、という三池監督の宣言です。

文句を云うなら原作者に云え、という宣言でもあります。

そもそも惑星改造のために送り込まれてヒューマノイド化したゴキと、昆虫DNA改造人間が死闘を演じるというトンデモ漫画なのですから、それを実写化したらどうなるか考えてもみよ。トンデモ原作を忠実に実写化すればトンデモ映画になるのはこれ理の当然であって監督の責任であろう筈がありません。まあ、三池さんが嬉々としてその作業に勤しんだのは間違いありませんが、これはどう考えても文句を云う方が筋違いというものです。考えてみれば昨年の「巨人騒ぎ」も実は同じことなのであって、シンちゃんを責めるのは酷というものだったのかもしれません（編集部注＝『**進撃の巨人**』ブームのこと）。今ここにこうして「三池版テラフォーマーズ」

を見た後で考えるならば、ですが。原作の漫画を面白がったファンたちは自分が面白がった作品の正体が何であったのか、実写化された時点でその実体に気づいただけなのであって、そもそも自分の錯覚に自覚的であるなら、映画を非難するという行為自体が筋違いであり、道理に反するのです。あの方々は実写映画化というものに何を期待し、何に絶望したのでしょうか。知性皆無の巨人が人間を喰いまくったり、その人間が巨人化したり、しかもその因果関係すら不明の物語なのですから、マッチョなゴキ人間と某ライダーも顔負けの昆虫改造人間が火星で死闘を演じる物語と同じなのであって、リアリズムやらヘチマやらを云々すること自体に意味などあろう筈がありません。

実を云えばマーベル映画もまた同工異曲なのであり、北欧の神さまが単なるボランティアの弓使いのオジさんやロボット好きのボンボンやらマッチョな愛国者と共闘して悪と戦う、という設定がトンデモでない訳がありません。あれがオッケイであって「巨人」や「ゴキ人間」がオッケイでないとするなら、それは同じトンデモであってもカネの掛け方が違うということであるに過ぎず、そのことに触れずに批判するのなら、その時点で語るに落ちたというべきでしょう。

今年は漫画原作のアニメを実写化した映画が目白押しだそうですが、いかなる非難の応酬になろうとも、断じて監督の責任を追及すべきではありません。いったい何を期待して貴重なキャップ（編集部注＝FALLOUT4内の通貨単位）を支払うのか、冷静に考えてみるべきでしょう。

それにしても、三池さん愉しそうだなあ。羨ましいなあ。なぜ三池さんに許されて私に許されないのか、考えるべき主題があるとするならそれしかありません。

それにしても、女優の扱いの酷さは相変わらずです。

私にも馴染みのある女優さんたち、菊地凛子も太田莉菜も文字通りの虫けら扱いです。端からCGでいいじゃん、というような凄いメイクで登場し、アッと云う間にブチ殺されて退場していきます。奇麗に撮ろうなどという意識はカケラもありません。

文字通りのやりたい放題、痛快無比の傑作です。機内食を喰い散らかしながら鑑賞する映画ではありません。劇場で見たらもっと茫然とできたのに、と反省すること頻り。タダで見ては申し訳ないような力作です。タダで見た訳ではなく航空運賃に含まれてはいるのですが、その航空運賃自体が他人様の支出したものなのですから同じことです。

でも、ええもの見させて戴きました。

三池さん、ありがとう。

再び映画に立ち向かう勇気が湧いてきました……と、こういう書き方をするから仕事が来ないのかなあ。少なくとも、私は同じトンデモ映画を撮るとしても女優の扱いには配慮します、と書いてもダメなんだろうな。いいなあ三池さん。羨ましいなあ、という感想が全てです。

んじゃまた。

●その6『テラフォーマーズ』

（16年／日本）
監督／三池崇史
原作／貴家悠・橘賢一
出演／伊藤英明、武井咲、山下智久、山田孝之

貴家悠（原作）、橘賢一（作画）による同名コミックを三池崇史が実写化。人類の移住予定地である火星で人型に進化したゴキブリこと“テラフォーマー”。彼らを駆除するために15人の日本人が火星に送り込まれる。押井さんは絶賛だが、普通の人にその良さはなかなか伝わりにくい、いうなれば珍作。

その7

マッド・ナース

例によって就寝用の録画です。

いやあ便利な世の中になったなあ。

モニター内蔵のＨＤには「眠くなっても構わない」「いつ見ても構わない」「見なくても構わない」というより「眠くなった方が嬉しい」かもしれない映画が再生されることを願ってしこたま眠っています。

今回も、その一本で御案内です。

結論から言うと、タイトルに嘘偽りなしのマンマ「基地外看護婦」の物語です。ただ予想外だったのは、主人公のオバさんが相当にエロかったことだけです。最近の私がほぼ連日チェックしている投稿動画の「まーや」さん風に言うなら「エロい・オバはん」です。いつもお世話になってます。

主人公のオバさんは正規の資格を持った看護婦ですが、実は連続殺人鬼のトンデモ女子で、そのポリシーはと言えば「リビドオを持て余している不埒な親父は容赦なくコロす」の一言に尽きます。

もの凄く判り易い性格設定であり、脚本家としては「動機」に悩むなどということのあり得ない、お得な仕事です。

「動機」がないのですからドラマもなく、ディテールが全てです。初っ端から露出系の主人公がナイトクラブで獲物を物色しますが、なにしろ凄いボディで露出系ですし「不埒な親父」は世の中に掃いて捨てるほどいますから、入れ食い状態です。ただし条件が揃い過ぎると演出という行為が成立しませんから、それなりのディテールは必要だと制作者も脚本家も監督も判断したのでしょう。

主人公を狙う親父が素早く指輪を外してポケットに仕舞う仕草を、主人公は決して見逃しません。重ねてくる掌を返すと左薬指にはクッキリと指輪の痕跡が残っています。いつだったか『**CSI：科学捜査班**』シリーズでも私の大好きな金髪の枯れたオバさんが、口説いてきた男の財布に指輪の跡を見つけて浮気の常習者であることを見破るエピソードがありましたが、こういうムダ知識で引き出しの数を増やすことも映画の楽しみ方のひとつであり、監督業務の範疇でもあります。こういうディテールを省略して台詞に頼るところが日本のドラマのダメなところでもありますが、さすがにアメリカ映画は即物的リアリズムに関しては手を抜きません。

まあ、指輪というアイテムが日常的なアメリカだからこそ通用するのだ、と言えばその通りなんですけど。

それにしても、何という女優さんなのか初見ですが、このオバさんは不思議な方です。なにしろこの手の映画に主演するのですから、カラダはもちろん凄いのですが、無表情なサイボーグ系の顔とのギャップが妙にエロい。美人というのでは全くないのですが、フェロモン濃度だけはよくぞ探したアッパレなキャスティングです。お若い読者には理解出来ないかも知れませんが、『**バイオハザード6**』のヘレナ・ハーパーさんと同様の胴長系の「エロい・オバはん」です。この時点で半ば以上はカルト映画として成功したと言っても過言ではないでしょう。

ストーリーの方は、まあ端からドラマも葛藤もありませんから、バイセクシャルでもあるらしいオバさんが同僚の看護婦をゲットするために罠を仕掛けたり、捜査を担当する黒人の刑事をタラしこんだりと色々と盛り込んではあるのですが、もはやどうでもよろしい。いきなり本作の白眉でもある外科手術室での「不埒な医師」の解体へと突入します。何をどう考えたのか、オバさん下半身のみハダカでお尻丸出しの不思議な虐殺シーンです。血の飛沫で着衣が汚れて証拠を残すことを避けたいのなら全裸がスジというものですが、なぜ下半身のみ丸出しなのか謎です。その方がよりエロくなるであろうと監督が判断したのか、オバさんが自分のお尻に絶大な自信があったのか、おそらくその両方なのでしょうが、演出意図は見事にハマって正体不明のリビドオが全開です。この後で病棟をパニックに陥れるような、ヤケクソな凄まじいスプラッタの大立ち回りもあるのですが、その印象が消し飛ぶようなシーンであり、常日頃から「ケツ大好き」を公言する前述の「まーや」さんが泣いて喜びそうなリビドオ全開の暴走シークエンスです。

悪行の限りを尽したナースですが、地獄の炎に焼かれてエンドなのかと思ったら、病院の裏口に先述の黒人刑事が待ち構えていて絶体絶命。

「あんたとはヤっただけだ」などという身も蓋もない台詞を吐いて逮捕に及びますが、かねて主人公に想いを寄せていたアンビュランスの運転手だか看護師だかが唐突に現われてバット一閃で撲殺。オバさんはマンマと逃亡に成功します。

最後まで不思議な映画です。おかげで眠くなりませんでしたが、こんな時もあります。

「エロい・オバはん」の「お尻が大好き」を公言する「まーや」さんと同嗜好の方のみ、ネットで探すかアマゾンでポチっとな、をお勧めします。

それ以外の方には責任を持ちかねます。

んじゃ、また。

●その7『マッド・ナース』

（『Nurse 3D』／13年／米）
監督／ダグ・アーニオコスキー
出演／パス・デ・ラ・ウエルタ、カトリーナ・ボウデン

3Dの18禁映画。日本では2Dで公開された。「エロい・オバはん」のサイコ・ナースを演じているパス・デ・ラ・ウエルタはギャスパー・ノエの『エンター・ザ・ボイド』（09）や、マーティン・スコセッシ製作総指揮のTVシリーズ『ボードウォーク・エンパイア　欲望の街』（10〜11）に出演。実はファンも多いセクシー女優なのだった。

その8

赤ずきん

今回は夕餉の食休みに（ということは『**Fallout 4**』の休憩時間に）プチプチで引っ掛かった『**赤ずきん**』です（「プチプチ」はザッピングを意味します）。

何を隠そう、というより本メルマガの読者であれば既に御案内の通りでしょうが、私と「赤頭巾の物語」にはかなりの縁（えにし）があります。「赤頭巾」と言っても「頭巾を被って白馬に跨がる幕末の謎の剣客」のパチモンではなくて、例のグリム兄弟版で世界中の誰もが知っている「赤頭巾ちゃん」の方です。

そもそもの発端は、実写処女作の『**紅い眼鏡**』まで遡るのですが、撮影中に正体不明の「紅い少女」を演じた兵頭まこ嬢に「私の演じてる役は何なのでしょう」と質問されて返答に窮したことに始まります。「幽霊」とか「幻影」とか「アニマ」などという観念的な言葉では、リアリズムの塊である役者を納得させることなどできません。咄嗟に「貴方は主人公に大事なものを運んで来た赤頭巾ちゃんなのです」と答えたことから始まります。思えばいい加減な話ですが、実は思いつきがそのまま演出の方針になるのは良くあることで、この咄嗟の思いつきが本作の基本的なコンセプトへと掏り替わっていったのですから、俳優やアニメーターの質問には常に真面目に向き合うべきなのです。まあ、やや大仰に言うなら、その後の私の演出の基本的な方法論でもある「見立て」に開眼した瞬間でもあったんですけどね。

兵頭まこ演じる「記憶の赤頭巾ちゃん」は、紅い電子眼の黒い狼＝プロテクト・ギアの悪魔的フェロモン効果とも相まって、一部のマニアックな観客（とオヤジたち）には大変に説得力があったようで、かくいう私も、この時の経験から「赤頭巾の物語」には妙な普遍性を意識するようになった次第なのです。

ちなみに、本作の紹介では未だに**『赤い眼鏡』**と表記されることがあり、大変に迷惑しております。「赤い」と「紅い」ではニュアンスが明らかに異なります。

「赤い」は記号的な形容に過ぎませんが、「紅い」は情緒もしくは情念としての形容詞なのです。日本語は正しく用いましょう。

という訳で「赤頭巾の物語」はその後も**『STRAY DOG』『人狼』**はもちろんのこと、漫画**『腹々時計の少女』**や小説**『獣たちの夜』**等の作品でモチーフとして繰り返されることになります。

誰も言ってくれないから自分で書きました。そんな「赤頭巾オヤジ」の私が見逃す筈がありません。がしかし、いきなり登場した赤頭巾ならぬフードつきの赤マントの少女は、少女とは名ばかりのロリ顔の金髪のお姐ちゃんでした。

何という女優さんか知りませんが、目玉ばかりギロギロと大きくて肉感的な、一部のマニアなら飛びつきそうな変則女優です。

この時点で気持ちが半分萎えます。

村はずれに住む祖母に届け物をしたり、その途上で狼に囁かれたりといった「お約束としての記号」はありますが、婚約者がいるのにピーターという名のイケメンと密通したりするバリバリのフェロモン系のお姐ちゃんであって、それはそれで翻案としてはアリなのでしょうが、この映画における狼は人間を擬装して村人に紛れ込んでいるという設定で、ストーリーは「人狼は誰だ？」というサスペンス仕立てになっています。

おそらく童話版の「狼と少女」という設定だけでは興行的に保たない、と制作者が判断した結果なのでしょう。がしかし、これではつい2、3日前まで日本で流行っていた『**人狼ゲーム**』のマンマです。

『**Fallout 4**』の人造人間の恐怖です。

低予算で映画化されて、助監督の金子功がその続編の現場にチーフでついていた縁もあって、私は『**人狼ゲーム**』という邦画はCSで（20分くらい）観ましたが、ルールを知らないのでストーリーが理解できず、ただ一個小隊の高校生を演出する監督は大変そうだなあ、という感想を持っただけです。

「赤頭巾の物語」に『**人狼ゲーム**』のサスペンスを加え、これに魔狼退治のハンター集団が絡めばアクションもありで、「赤頭巾」の現代版として興行的に成立すると考えたのでしょう。

そうはイカの筋肉です（古い）。

古典や童話が「見立て」に有効なのは、その設定やストーリーがシンプルだからこそ様々な意匠が成立するのであって、それ以外ではありません。こんなに複雑な設定に仕立てたのでは、「見立て」の自己否定であって「赤頭巾」に名を借りたアクションファンタジーにしか成り得ません。まあ、よくあるアクションファンタジーでも出来が良くて面白ければオッケイなのですが、『**ブラザーズ・グリム**』ほどオカネを掛けているわけでも、マット・デイモン君が出演しているわけでもないので、なんとなく中途半端な哀感が漂います。それにしても、マット・デイモンともあろう役者が、ハリウッドで一、二を争う知性派の俳優が、なんだってあんな愚作に出演したんだろう。離婚してオカネに窮してる訳でもないのに。

閑話休題（あだしごとはさておき、と読みます）。

再び話を『**赤ずきん**』に戻しますが、とにかく目玉ばかり大きなロリコン顔の主演女優が大変によろしくない。周囲の若い俳優も現代風のイケメンばかりで、ことのついでに父親役の俳優も元イケメン風の甘いマスクの疑似中年男です。これはもしや、とリモコン機能で作品解説を呼び出すと、『**トワイライト・サーガ**』で満都の腐女子の紅涙を絞った売れっ子の女流監督の劇場映画第一作だと判明しました。

やっぱり女流監督かあ（偏見）。

イーストウッドの元妻だったソンドラ・ロックも監督第一作はイケメン大会でしたが、キャメロンの元妻で『**ゼロ・ダーク・サーティ**』という傑作をものしたキャスリン・ビグローさんも初期の『**ブルースチール**』のヒロインの相手役は、身の毛もよだつような甘いマスクのイケメンでしたから、女流監督はヒロインの相手役にイケメンを選ぶ、という一般論が成立するし、イケメンの大量投入作品は女流監督である蓋然性が高い、という一般則は成立するのではないでしょうか。

まあ、結論としては「良く出来た少女漫画風ファンタジー」であって、それ以上でも以下でもありません。

何という監督さんか忘れましたが、第二作での健闘を祈ります。

人狼は誰か。最も疑わしい恋人か、いわくありげな祖母か、それとも父親か近所のオヤジか(あり得ない)、その辺が気になる方のみ限定で配信で観るなりレンタルするなりをお勧めします。アマゾンでポッチリはやめた方が良いでしょう。

私は二度と観ません。

んじゃまた。

●その8『赤ずきん』

(『Red Riding Hood』/11年/米・加合作)
監督/キャサリン・ハードウィック
出演/アマンダ・サイフリッド、ゲイリー・オールドマン、ビリー・バーク

グリム童話の『赤ずきん』をモチーフにしたファンタジー。「ロリ顔の金髪のお姐ちゃん」は、『マンマ・ミーア!』(08)や『レ・ミゼラブル』(12)等のアマンダ・サイフリッド。「元イケメン風の甘いマスク」というヒロインの父親にはビリー・バーク。押井さんの言う「現代風のイケメン」はマックス・アイアンズとシャイロ・フェルナンデス。監督は『トワイライト~初恋~』のハードウィック。押井さんは触れていないが、魔物ハンター役でゲイリー・オールドマンが出演し、赤ずきんちゃんのおばあちゃんは何と『ドクトル・ジバゴ』(65)等の英国名女優ジュリー・クリスティ。ちなみに、ソンドラ・ロックの監督デビュー作『ラットボーイ』(86)には、いわゆるイケメンは出てなかったと思うし、『ブルースチール』の「身の毛もよだつ甘いマスクのイケメン」がもしロン・シルバーなら、彼をイケメンという人は押井さんくらいかも。イケメンの基準はほんと、人それぞれです。もうひとつちなみに、ソンドラ・ロックとイーストウッドは結婚はしてなかったらしい。

その9

FLINT
フリント・無敵の男

例によって就寝用の録画です。

前後編でたっぷり4時間以上ありますが、一言で言うなら「ロシア製ランボー」「ランボーほぼ丸パク」「ランボー／ロシア死闘篇」であって、どこから観てもオッケイの内容なので眠くなったらそれまでよの就寝用として重宝します。

元特殊部隊の退役軍人が、かつての戦友を尋ねて訪れた田舎町は暴力警察の支配下にあり、よそ者の主人公はいきなり拘束されます。そしてジンモンゴーモンとお定まりの苛めが始まり……と、既視感すら漂う冒頭の展開です。この田舎町の描写は、さすがに元共産圏の生々しい閉塞感が感じられて、元祖『**ランボー**』のアメリカ中西部独特の宗教的な保守性とは明らかに異なる趣きがあります。共産党一党独裁が消滅した後は、おそらくこの類いの地域ボスやマフィアが横行しているのでしょう。何をされても沈黙を通していた主人公のシャマノフさんでしたが、いきなり暴力的本性を剝き出しにして逃走。面子を潰された署長は意地になって追跡を開始しますが、サバイバル能力を遺憾なく発揮してこれを撃退……という序盤の流れは、撮影はなかなかのものですが、冒頭に触れた通りの「ランボーな展開」です。モスクワから到着したＦＳＢ（連邦保安庁）の偉いさんが「奴を追い詰めるとアンタたち殲滅されるよ」なんて警告するところまで、ほぼほぼアッパレな完コピです。現在公開中の某リメイク大作どころの騒ぎじゃありません（またまた余計なこと言っちゃった）。

何という俳優さんか知りませんが、ヴィジュアルはともかく、主人公の身体能力は明らかにスタローンさんより格段に上です。おそらく元プロか、プロにみっちり仕込まれた方なのでしょう。ラテン系の助平っぽさもなくて質実剛健のお買い得であり、私の好みではあります。

シャマノフさんを追跡する警察官たちの方はと言えば、なにしろ演習中にウォッカとT62（テー・シヂスャートドヴァーと読みます）を物々交換しちゃう戦車兵までいるお国柄ですから、ヤル気など端からなくて、寒いの腹減ったのと文句の多いヘタレ系です。こんな連中を束ねる署長さんは血液濃度がドロドロで血圧も脈拍数も倍以上なければ務まりません。ロシア軍は赤軍時代からの伝統で、将校が異様に多くて下士官が少ない変則的な軍隊なのだそうですが、こんな能書きばかりで働かない典型的スラブ人たち（偏見）を預かる軍曹の成り手が少ないであろうことが、容易に納得出来る設定になっています。だから何だという訳ではありませんが、この辺りが現在のハリウッド化したロシア映画の鑑賞上のキモであり、裏目読みのポイントでもあります。グローバリズムの最先端である映画といえども、異文化というやつは容易に御し得ないものですし、どうせ丸パク映画なんですから、その底辺に窺える「文化の差分」に注目する方がお得です。

ところで異文化といえば、追い込まれたシャマノフさんが森と交感する不思議なシークエンスがあるのですが、グルカナイフを翳して樹々と対話したり、枯葉の堆積を転げ回ったり、ハイスピード撮影とディゾルブ（編集部注＝前のカットのフェードアウトと次のカットのフェードインを同時に行うこと）を繰り返すスピリチュアルな映像は、特殊部隊のサバイバル術を絵解きしたような本家には見られなかった要素であり、これが延々と描かれるのは、あるいはシャマノフという主人公の超人性に「母なる大地との交感」をイメージしているのかもしれません。まあ、ゴツい親父が戦闘前に演じる儀式であり、スタローンさんの迷彩メイクと同じなのだ、といえばそうなのかもしれませんが、完コピを要求された監督さんが意地を見せた演出なのであろうと、これは例によって確信的推論です。

ところでなぜグルカナイフなのでしょうか。

ロシアの特殊部隊がグルカナイフを愛用していた、という話は寡聞にして聞いたことがありませんが、そうなのでしょうか。あるいは単純に本家『**ランボー**』で一世を風靡したコンバットナイフに対抗するには、グルカナイフあたりでなければ絵にならないと考えたのでしょうか。

ちなみに私はナイフおよびナイフ格闘術にも興味があり、『**(GHOST IN THE SHELL) 攻殻機動隊**』や『**東京無国籍少女**』でもお試しの演出を試みたことがあるのですが、これがなかなか難しい。アニメはともかく、実写では女性とナイフはいまいち相性が宜しくないようで、やはりナイフはゴツい親父の専売特許なのかもしれません。シャマノフさんのグルカナイフは本家のそれと違って、妙に色艶の滲み出る優れものでした。

グルカナイフ、いいなあ。私も一振り欲しいなあ、などと書くと銃刀法の危険な罠に陥りそうですが、私はリアルでは鉄砲も刃物も一切所有しないことにしているので誤解のないように。自宅の近所に住む、主婦兼罠師（という職業があるんです）の奥さんは、遂に（猪トドメ用の）散弾銃の所持許可をゲットしましたけどね。散弾銃、私も自宅に一丁欲しいなあ。でも、持つならダブルバレルの猟銃じゃなくてレミントンがいいけど。ポンプアクションでシャコ、ドン！　シャコ、ドン！　グアムで連射の訓練もしたんだけどなあ。

というわけで、ヘリをチャーターした署長に上空から追い詰められたり逆襲に転じたりの微笑ましいコピーが続きますが、なにしろ森の中での儀式が長かったりした関係で尺が足りるのかしら。いつになったら俺はアフガン帰還兵なんだと告白して泣き出すんだろうと思っていたら、いきなりエンディングが流れて続編予告です。

本家の方は『**1**』のベトナム帰還兵、『**2**』で再びベトナムMIA奪還、『**3**』ではアフガン聖戦支援、4本目では再び東南アジアの軍事独裁政権を敵役に据えるなど、制作時点でのアメリカの政治状況を背景にして連作した実積がありますが、こちらはなにしろロシア製ですから、後編の展開は当然のことながら「怒りのアフガン」でしょう、と思ったらこれが意外や意外な展開で、後編は本家『**ランボー**』とまるで無関係なアクション巨編のようです。

なにしろ前後編ものですから、こちらも二回分載になります。

んじゃまた。

●その9『FLINT フリント・無敵の男』

(『Kremen』/11年/ロシア)
監督/アレクサンダー・アンシュッツ
出演/ウラジミール・エピファンチェフ、アナスタシア・ヴェデンスカヤ

シャマノフ元少佐は、かつての戦友に再会するため小さな町を訪れる。が、ナイフを所持していたことで警察に捕まり拷問まで受けるハメに。この町はどこかおかしい……。『ランボー』を愛してやまないエピファンチェフが役作りも完璧にして挑んだ入魂のアクション。ヒロインを演じているヴェデンスカヤは、エピファンチェフの奥さん。

その 10

FLINT
フリント・怒りの脱出

いきなりタイトルが変わってます。

その理由は最後に明らかになりますが、たいした理由ではないので過剰な期待はしないでください。

さて、前回は『**ランボー**』丸パクの設定とストーリーで終始した前編でした。ディテールのあれこれに冷戦後のロシア社会の様相を窺わせる辺りが面白く、うかうかと最後まで観てしまった『**FLINT フリント・無敵の男（前編）**』でしたが、アクションはさすがに本家である旧作の『**ランボー**』よりも時代が変わった分だけ面白く、番組表を探して録画した、その後編です。

まあ、30年近く経っているんですから。アクションの演出が巧くなっていても当然と言えば当然です。がしかし、なぜか、物語は前編との繋がりも何もなく、いきなり敵の本拠地である孤島への潜入シーンから始まります。

どうやら録画に失敗したようです。このデジタル万能の時代にそんなことがあり得るのでしょうか？　理由はどうあれ、どうせ派手なアクション以外に観るべきものがあるでなし、大勢に影響はないと判断して、そのまま観ることにしました。敵の本拠地と書きましたが、そもそもこの「敵」は何者なのでしょう。田舎警察のボスである署長には、その背後にさらに巨大な組織が存在していた、ということなのでしょうか。

よく判りませんが、派手なアクション以外に見るべきものがあるとも思えない映画なのですから、大勢に影響はありません。もしかしたら観ているうちに判るかもしれませんが、最後まで判らなかったとしても大勢に影響はありません。

そんないい加減なことでいいのか、と憤慨する真面目な読者もおられるでしょうが、そもそも「記憶だけで語る」ことが主旨のコラムなのですから、その怒りは筋違いというものです。

TVで観る映画とは、そういうものなのです。いや、そもそもアクション映画とはディテールを描くことで何かを語るべき映画なのですから、ストーリーが把握できなくても一向に差し支えのない表現形式なのです。というわけで……。

主人公のシャマノフさんが孤島へ潜入する準備をしています。銃器やら爆発物やらを完全防水のザックに詰め込み、やおらパンイチになると凄いカラダです。それもスタローンさんのボディ・ビルディング式の人工的な肉体でなく、明らかに訓練で鍛えた本物の筋肉です。胸筋よりもむしろ背筋の方が厚みがありそうな、実戦向きの肉体です。

ちなみに私は、極真の先生と道場の合宿で御一緒する機会があり、洗面所でその驚異的なカラダを拝見して一驚したことがあります。背筋が異様に盛り上がった、文字通り岩のような肉体であり、まさに人間凶器でした。その経験からして、シャマノフさんのカラダが観賞用でない、本格的に鍛えた実戦用の肉体であると判断出来るのです。

そのカラダをウェットスーツに包んでザブザブと海に入ります。ロシアの冬の海です。まさか北極海ではないでしょうが、バルト海だったとしてもウェットスーツでは自殺行為です。なぜドライスーツを選ばなかったのかと言えば、もちろんウェットスーツでなければ主人公の凄いカラダが絵にならないと監督が判断したからであり、他に合理的な理由などあろう筈もありません。なんという俳優さんか知りませんが、アクション俳優の途は険しいとは言いながら、可哀想としか言い様がありません。

あの監督いつか殴り殺してやる、と決意したに相違ないでしょう。恨みを買うのも仕事のうち、とは言いながら監督も大変です。

さて、お話変わって孤島の本拠地では金髪の姐さんが監獄に閉じ込められ、変態じみた医者やコスプレの女殺し屋に弄ばれています。その会話の内容から、敵は臓器売買のマフィアと判明しますが、そんなことはどうでもいいような変態拷問プレイが続きます。

このお姐さん、どこかで見覚えがあると思ったら、前編で警察署長にレイプされかけていたところを、主人公が成り行きで救って、一緒に逃亡したお姐さんでした。シーンの繋がりから推すと、シャマノフさんの目的は、敵の本拠地の掃滅というよりは、この金髪姐さんの救出にあるようです。「美女救出」はアクション映画の王道ですが、前回の文章でもこの金髪姐さんの存在をすっかり忘れていました。

おそらく私の好みではないからでしょう。ウクライナ美女の典型といえばそうなのでしょうが、ワカメのような金髪に白い肌でスラリとした長身、というのは全然イケません。

ちなみに、公開中のハリウッド版『**ゴースト・イン・ザ・シェル**』の素子役は、スカヨハ（編集部注＝「スカーレット・ヨハンソン」）よりスタイルの良いシャーリーズ・セロンの方が相応しかったのではないか、という説があるようですが、私はスカヨハで大満足です。あの光学迷彩スーツのムッチリ感はドッキリでしたが、なにより黒髪のボブで見せる表情が最高です。シャーリーズ・セロンさんも相当に変わった女優さんのようですが、ボブがブーなのは『**攻殻**』もどきの『**イーオン・フラックス**』で証明済みですから。前下がりのボブが似合わない素子なんて、素子じゃありません。

閑話休題。

バルト海の寒中水泳を編集で飛ばしたシャマノフさんは、陸に上がるやウェットスーツを脱ぎ捨て、地面を転げ回って筋肉を蘇生させます。この辺りの描写は「ウェットスーツを脱ぎ捨てた下はタキシード」みたいな、リアリズム無視のジェームズ・ボンドとは違うんよ、という監督の主張でしょう。どちらにせよ、リアリズムなんぞであるわけが無いのですが、映画のリアリズムとはあくまで様式に過ぎず、要はディテールの説得力がキモなのですから、これで良いのです。

以下は戦闘モードに突入した主人公の「シャマノフ無双」が全てで、他に語るべき何ものもありません。

部屋のドアを開けてはグレネードをポイポイ、向かう敵の雑魚どもはAKで穴だらけ、という辻本好みの無双ぶりが延々と展開するだけです。脱出したボートから金髪姐さんが重機関銃を乱射して悪党どもを木っ端微塵という素敵なオマケもあり、安らかに眠りに就きました。

ところで、突然タイトルが変わった理由ですが、実はこの『**FLINT**』という映画は『**FLINT フリント・無敵の男（前後編）**』と『**FLINT フリント・怒りの脱出（前後編）**』の四部作であり、その事実を知らなかった私が中間の2本の存在を飛ばして観ていた、というだけのお話です。

まあ、それでも全然困らなかったのですから、そういう内容だったのでしょう。前後編で2話4本、総計で8時間を超える4部作の全てを観たいんだ、ロシア映画のアクションを見極めたいんだ、というマニアの方のみ、TSUTAYAさんに走るかAmazonでポッチリをお薦めします。

んじゃまた。

●その10『FLINT フリント・怒りの脱出』

（『Kremen』／12年／ロシア）
監督／ウラジミール・エピファンチェフ
出演／ウラジミール・エピファンチェフ、アナスタシア・ヴェデンスカヤ

かつて自分が所属していた特殊精鋭部隊が、山中で行方不明になったという報せを受けた元少佐・シャマノフは、現場に向かう。その事件には密輸ギャング団が関連していた……。続編となる本作ではエピファンチェフ自らがメガホンをとった。押井さんは「8時間」と書いているが、DVDでは6時間48分になっている。

第2章

2017.6〜2017.11

その11

SIREN
（サイレン）

「試練」でも「水妖」でもなく、ただの「サイレン(警報)」です。サイレンがどうした、という答えは最後に判りました。

『DQB』と『Fallout 4』にハマり続けて約1年。私はいままで殆ど観ることのなかったYouTubeにもハマりました。いまやゲームとYouTubeはセットだ、というくらい日常化しています。はじめは攻略法やアイテム関係の情報を求めて検索していたのですが、今はむしろ投稿動画を観ることで時間を盗まれています。他人のプレイ動画の何が面白いんだ、と思われるかもしれませんが、面白いのです。

まあ、この話は長くなるので端折りますが、YouTubeで『Fallout 4』の投稿動画を眺めているうちに、その傍らに並んでいる海外の短編映画にも興味を惹かれて、たまに観るようになりました。

私は(アクションに特化した)自主映画コンテストの審査を長年にわたって務めている関係もあって、自主映画に接することが多いのですが、YouTubeにアップされている海外の、それもSci-Fi系の短編映画の中には、なかなか面白い作品もあることを発見し、これにもハマりました。

まあ、なにしろヒマなので、あれこれとハマっているのですが。

プロ・セミプロ・自主映画、なんでもありの世界ですから、もちろん殆どがしょうもないものなのですが、それはそれで作り手の情熱が感じられる微笑ましい作品もあり、映画制作の原点に触れるという意味で凡作を眺めているよりはなんぼかマシであり、思わぬ傑作を掘り当てる楽しみもあります。それに海外の短編映画は商業映画への途を開くための、プレゼンとして制作されるものも多く、気合いやオカネをかけてプロのスタッフが参加している作品もあるので、意外に侮れません。実際にハリウッドの大手のスタジオでは、週末ごとにプレゼンのための上映会を行うシステムがあり、こうした場からメジャーな商業映画監督がデビューした例も少なくありません。

今回の『**SIREN**』も、おそらくはそうした作品なのでしょう。撮影や役者のレベルも高く、間違いなくプロの俳優とスタッフが参加しているに違いありません。YouTubeにアップされている作品の中でも、所謂「ポスト・アポカリプスもの」と呼ばれる、世界の終末後のサバイバルを描いた作品はかなりの数になるのですが、その中の一本です。「AWARD WINNING Post-Apocalyptic Short Film」と紹介されていますから、何かの賞を貰っているのでしょう。

と、いうわけでTVはすっかりご無沙汰の私が「就寝用録画」に続いて、「YouTubeを眺めていたらそこにあった」で、お時間を拝借します。

映画の劈頭、サイレンが鳴り響いて廃墟にガスが流れています。並んで眠っていた一組の男女が咳き込み、先に目覚めたお姐さんが傍らのガスマスクに飛びついて一息つきますが、後から目覚めた男がこれを奪おうとして格闘になります。なにせ男と女の体力差がありますし、お姐さんはワンダーウーマンではありませんから、男に絞め殺されます。苦しむ女の手が泥を摑み、ワーキングブーツの足が痙攣します。冒頭から隙のない、パワフルな描写です。画面が暗いので、登場と同時に絞め殺されちゃった女優さんの顔も見えません。残念な役ですが仕方ありません。

屋外へ逃れた男が周囲を見渡すと、巨大な工場の廃墟の一画であることが判りますが、このロケ地が素晴らしい。私は日常を扱ったことのない監督なので廃工場での撮影は多い方ですが、日本国内でこのスケールの廃工場にお目にかかったことはありません。廃工場での撮影は特撮の現場に次いで喉に悪く、気管支の弱い私は苦手です。不健康だしバッチイのでイヤなのですが、ロケーションは作品のスケールを担保する最大の要素なので、その限りでは羨ましい限りです。まあ、アクションやら非日常やら、ましてポスト・アポカリプスを目指すなら、避けて通れないロケーションですから、贅沢は言えません。あのサーだって画面作りのために、喉には最悪のスモークに耐えているに違いないのですから。

その巨大な廃工場で、これも定番の「漁り」の描写が始まります。『Fallout 4』を筆頭に、ポスト・アポカリプスが大好きなゲーマーなら血が騒ぐシチュエーションですが、ゲームじゃありませんから、いきなり10ミリ自動拳銃や弾薬が拾えるわけがありませんし、食糧もスティムパックも出てきません。文字通りのゴミの山です。喉の渇きに耐えかねた男は便器の中の腐った水まで口にしますが、すぐにゲロゲロと吐き出します。食事しながら観る映画じゃありません。ちゃんと洗浄した便器に、スタッフが用意したそれらしい液体を満たしたのでしょうが、それと判っていてもイヤだろうなあ。

私なら絶対に拒否します。実写処女作の『**紅い眼鏡**』という作品で、映画館のトイレの便器に役者さんの顔を突っ込ませたことを思い出しました。あの時はなにしろ低予算でしたから、使用中の「現役の便器」を助監督に掃除させて使用したのですが、思い起こせば本当に酷いことをしたものです。

虚しい探索に疲れて外へ出れば、これもお約束の無法者の出現です。レザージャケットにガスマスク、手製のプロテクターまで装備した、これでレンチかバットを手にすれば、そのまま『**Fallout 4**』の標準的ザコである「レイダー」です。きっと監督も『**Fallout 4**』のファンなのでしょう。苦労してこんな映画を制作するくらいなのですから、そうに決まってます。生き残るために同伴者と思しき姐さんをアッサリ絞殺したような主人公ですから、立ち向かうわけもなく、当然のように尻に帆掛けて逃走し、ようやく追跡を逃れますが、そのまま疲れ果ててバッタリと失神します。

悪党の次に登場するものといえば、援助者と相場が決まっています。半死半生の主人公に水を呑ませてくれたのは、歳の頃なら十四、五くらいの金髪の少女です。この世界で単独でサバイバルしているにしては血色も良く、頬もふっくらとしていますが、なかなか魅力的な少女です。なにしろ低予算でしょうし、子役をダイエットさせるわけにもいかなかったのでしょう。何事か会話しますが、英語がダメな私に判る筈もありません。理解できた単語から察するに、この世界を滅ぼしたガスを何とかしたいのダ、というようなことのようです。この辺りは自分が生き残るために相方（と思しき）女性を絞殺するような男の発言とも思えませんし、性格設定に疑問も残るのですが、なにしろ英語が不自由なのでこのまま鑑賞を続けるしかありません。

廃墟で都合良く見つけた手がかりの地図を頼りに、少女を伴って廃工場を探索し、それらしき装置を発見するのですが、あれこれと動かしてみても何の反応もありません。ヤケを起こして機械を蹴る殴るの蛮行におよびますが、そこへ折悪しく先刻の「レイダー」たちが再登場。捕まった少女を見殺しにして、男は再び逃走しますが、今回は追いつかれてアクションシーンに突入します。

『Fallout 4』なら銃撃戦か近接武器を用いた格闘なのでしょうが、繰り返しますがゲームでなく、監督はあくまでリアリズムの世界観にこだわりのある人のようですから殴る蹴るに終始します。戦闘能力もそれなりであることが判明した主人公が一度は優位に立ちますが、驚くべきことにネイル（鉄道線路敷設用の犬釘）を首筋に打ち込んでも倒れません。

相手はレベル100超の「伝説のレイダー」なのかもしれません。監督のリアリズムへの信念が疑わしくなる展開ですが、打ち込んだ犬釘をさらにコンクリのカケラで叩きまくるという超荒技でなんとか勝利し、伝説級のアイテムは拾えませんが、この世界では貴重品であるガスマスクをゲットします。がしかし、レイダーの魔の手を逃れた血塗れ少女が唐突に出現し、背後から男の喉にナイフを当てます。どうやって逃げて来たのかは不明ですが、血塗れですから、あるいはレイプされたのかもしれません。

「そのガスマスクをよこしな」

「いや、待ってくれ。オレは例のガスをなんとかしようと…」

「いいからマスクを渡すんだよ、このクソ野郎！」

と、まあ察するにそんな会話の後に、今度はガスマスクをめぐる争奪戦が始まりますが、なにしろ伝説級の敵を倒した実力です。少女は絞め殺されそうになりますが、あろうことか、瀕死の少女の手が落ちたナイフを摑んで一閃。茫然とした表情で男の体から力が抜けます。

再び、監督のリアリズムへの信念が疑わしくなる展開です。確実に訪れるであろう死を意識しながら、あの冒頭で流れていたガスが男を包み始めて画面が暗転――。

本格的なエンディングの音楽が流れ始めます。それなりに気の効く演出家なら当然ですが、ここはサイレンを鳴らすべきでしょう。サイレンが鳴って始まった映画は同じサイレンで終わるべきです。まして構造がシンプルであるべき短編映画なんですから。

まあ突っ込みどころも多く、何より男の性格設定と行動原理の不一致が（私の英語の理解力を差っ引いても）致命的な気もするのですが、なにより撮影と俳優の存在感が、この手の作品としては群を抜いていて飽きずに最後まで観られました。世界を滅ぼした存在としての、ガスとサイレンの使い方も悪くなく、なにより妙な不条理感も漂う、良く出来た小品です。

おそらく、その辺りが評価されてのAWARDなのでしょう。何という役者さんか知りませんが、主人公を演じたサム・ワーシントンさんに似ている（もしかしたら全然似ていない？）俳優さんも良かったのですが、少女役の女優さんが印象的でした。

短編や低予算の自主映画は、何を措いてもロケーションと女優のクオリティが重要だという教訓です。

自主映画の制作者や監督さんは肝に銘じてください。

んじゃまた。

●その11『SIREN』（サイレン）

（『サイレン』／14年／米）
監督／ガブリエル・サイモン
出演／クリス・バービス、リサ・ディー

30分の短編。すべてを忘れさせるガスの脅威から逃げようとする人たちを描いたディストピア系SF。監督のサイモンは多くの短編を手掛け、さまざまな賞も手にしていて、何と本作だけで10もの賞に輝いている。長編デビューはまだだが、もしかして可能性もあり？　押井さんが気に入ったリサ・ディーも短編にたくさん出演している。

その 12

アベンジャーズ
吹替え版

なんと今頃になって『**アベンジャーズ　吹替え版**』です。

マーベル・コミックスのヒーローたちが総出演の大作ですが、実はまだ観ていませんでした。夕食後に寝転がって観るには手頃な映画だろうと（例によってリモコンをプチプチやった末に）判断したのがこの映画です。ニュース専門チャンネルはキタチョウのミサイルか安倍総理のスキャンダルで、それ以外は人殺しです。サッカーはと言えば、プレミアはチェルシー、ブンデスはバイエルンが目出度く優勝して終わっていますから、他に観るべきものもありません。『**Fallout 4**』のインターバルを過ごす手段は、もはや映画しかないのです。というか、本当は食後ただちに荒野に旅立ちたいのですが、さすがにそれは憚られるので映画を観て過ごすのです。かといって、傑作や問題作を気合いを入れて観たりするとゲームに差し支えるので、お気楽な映画を選ばなければならず、これが意外に難しい。

というわけで『**アベンジャーズ　吹替え版**』なのです。当然のことながら途中からの鑑賞ですが、どうやら中盤を過ぎているようです。主人公たちの基地であるらしい空中空母が襲撃されています。

襲撃を指揮しているのは（役名も俳優さんの名前も知りませんが）なんとメンバーの一員である「弓矢のオジさん」です。眼の周辺のメイクがやけに黒いのは、これは何者かに操られているというサインでしょう。途中から観たってそのくらいのことは直ちに判断出来るのです。操作されていることを観客に知らせるための最も単純で効果的な約束事ですし、過剰な主人公たちを抱え込んだ集団内から裏切り者が出るのも演出の常套手段と言ってよろしい。私も複製された主人公の頭上に「'(ダッシュ)」がくっついている、という演出をしたことがありますが、そこまで露骨ではないようなものの、まあ似たようなものです。100人が観たら95人が理解出来るように演出するのが娯楽映画なのですから。

ハリウッドのプロデューサーが国会で決めたのです。

ジムくん(J・キャメロン)もそう言ってました。断っておきますが、けっして馬鹿にしたり軽蔑しているわけではありません。そういう約束事を守っているからこそ、この映画だって大ヒットしたのであり、彼らは職業人としての倫理に忠実なだけなのです。私がそういった価値観を共有せず、好き勝手にやった挙げ句に、目下その報いを受けているからと言って、そのことを不当だと叫んだり喚いたりしないのもまた、同じような倫理観のなせる業なのであって、その程度の常識は私だってわきまえています。

と、いうようなことを脳内で呟きながら眺めていると、アイアンマンやキャプテン・アメリカの献身的な活躍が功を奏して空中空母は墜落の危機を免れました。

落っこちまえばいいのに、などとは思いません。敵に操られていた「弓矢のオジさん」は無事に回収され、100人は下らないであろう死傷者に対する責任を問われて処刑されることもなく、監禁され、治療を受けて戦線に復帰します。この後は最後の戦いまでの時間を、ヒーローたちの闘争方針の相違の調整に費やすための、やや長いダレ場が埋める展開となる筈です。吹替え版ですが、例によって音量を絞っているので台詞が全く理解できません。どうせ聞いても聞かなくても大差ありませんから、豪華な俳優さんたちの顔を眺めて過ごします。役名も実名も知っているスカーレット・ヨハンソンさんの美しい顔を眺めているだけで充分に楽しめます。それにしても、あの黒いバトルスーツの魔術は大したものです。決して見事なプロポーションとは言えないスカーレットさんのボディラインが、光学迷彩の肉襦袢とは雲泥の差です。もしや全身が映るショットはデジタルで縦横比を改造されているか、あるいは吹替え（ダブル）なのではないかしらん、などと余計な疑念が湧きます。まあ、なんぼハリウッドでもそこまではしないでしょうが、やはり黒髪のボブヘアの方が金髪より2・5倍くらい素敵だと思うのは私だけなのでしょうか。

様々な妄想を掻き立てつつ、映画は終盤の大立ち回りへと突入しますが、それにしても神様まで在籍するチームの戦力バランスが良好とはお世辞にも申せません。その超常能力を別にすれば「トンカチの神様」も中身はただのオヤジとは言いながら、空も飛べないキャプテン・アメリカさんや「弓矢のオジさん」は、富豪道楽のアイアンマンに比べても、こればっかりは演出の努力も空しく、明らかに戦力的に見劣りがするのは如何ともし難い。スカーレットさんは存在それ自体が重要なのですから、二丁拳銃だけでも許されます。敵役はと言えば、やっぱりというか、これしかないでしょうと言うべきか、「トンカチの神様」の義弟にしてヤサグレて暗黒面に入った神様でした。私はこの屈折した性格のロキというキャラクターが嫌いではありません。私もまた、やり放題の好き放題だった長兄を見上げて育った末っ子でしたから、このグレちゃった弟の気持ちは良く判ります。私が暗黒面に入らずに済んだのは、ただ映画との出会いがあったからなのダ、などとぼんやり考えているうちに映画は一気に終わりました。

何の感想も持ちようがありません。がしかし、時間の無駄であった、などとは思いません。スカーレットさんの顔を眺めているだけで、充分に満足できましたし、ハリウッドの脚本家はやはり良い仕事をしていることも確認できました。

だから何だ、と言われても困りますし、もう一度アタマから観てみようかとも思いませんが、こうして様々な思いを抱きつつ観るのが映画というものなのです。

という訳で、再び核戦争後の荒野に戻りまあす。

んじゃまた。

●その12『アベンジャーズ　吹替え版』

（『The Avengers』／12年／米）
監督／ジョス・ウェドン
出演／ロバート・ダウニーJr.（声：藤原啓治）、クリス・エヴァンス（声：中村悠一）、
マーク・ラファロ（声：宮内敦士）

これまで単独作で活躍して来たマーベル・ヒーローたちが一堂に会したMCU（マーベル・シネマティック・ユニバース）初の全員集合映画。全世界で15億ドルのメガヒットを記録し、MCUの黄金時代の到来を告げることになった。押井さんの言う「弓矢のオジさん」はジェレミー・レナー扮するホークアイ、「トンカチの神様」はクリス・ヘムズワース演じるソーです。ホークアイは、ロキに洗脳されるという設定だった。

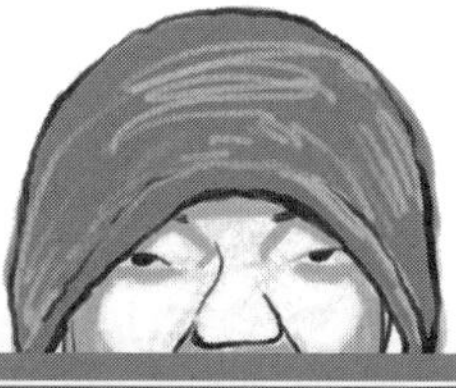

その 13
死の接吻

食後のプチプチ（ザッピングのことです）で文字通り「TVをつけたらやっていた」映画です。「ふと目についた（宇宙猿人ゴリⓒ）」映画です。

なんと主人公は『**CSI：マイアミ**』のホレイショ警部です。ただし22年前のホレイショ警部です。ホレイショ警部は自動車泥棒の腕だけが自慢のけちなチンピラでしたが、いまは更生して奥さんと幼い娘を大事にする小市民として生きています。22年前から女性と子供にだけは優しい男だったようです。

もちろん家庭を大事にする小市民では映画の主役足り得ませんから、当然のごとく悪魔が耳元に囁きます。悪魔はホレイショ警部の従兄弟で、こちらは現役のチンピラですが盗難車の解体工場を経営していて、やや上位バージョンのチンピラです。

「納期までにこれこれの高級車を納品しないとビッグ・ジュニアに消されちまうんだ」

ビッグ・ジュニアというのはギャングのボスです。ジュニアというからには先代のシニアがいたのでしょうが、ややこしいことに彼にはリトル・ジュニアという息子がいます。いずれは襲名してリトルがビッグになるのでしょうか。それはどうでもいいのですが、このリトル・ジュニアが名前に反する筋肉オタクで、なんとニコラス・ケイジさんです。

当然ですが、こちらも22年前のニコラス・ケイジさんです。ホレイショ警部につづく2回目の吃驚です。

従兄弟に泣き落とされたホレイショ警部は仕方なく自動車泥棒の片棒を担ぎますが、当然のことながら警察に逮捕されます。そうでなくては何も始まりませんから、これも想定内の展開です。想定外だったのが、この逮捕劇のドタバタで同僚の銃弾を顔に受けて負傷した刑事が、なんとサミュエル・L・ジャクソンさんです。

当たり前ですが22年前のサミュエル・L・ジャクソンさんです。さすがに3度目なので本当に驚きました。どう見てもB級なのですが、無駄に豪華なキャスティングです。

でもよくよく考えてみれば（考えなくてもそうですが）なにしろ22年前の映画ですから、当時は豪華キャスティングでもなんでもなかったのかもしれません。きっとそうなのでしょう（確信的推論）。

身から出た錆とはいいながら、ホレイショ警部は3年の実刑で、せっかく更生していたのに最愛の家族と別れてムショ行きです。

「済まない。お前の家族はオレが面倒を…」

ホレイショ警部ムショ行きの責任を感じた従兄弟は、残された奥さんに解体工場の事務の仕事を与えますが、本当は責任を感じていなかったのか、それとも単純に欲望に脆い体質なのか（その両方でしょうが）この奥さんを酔わせてやっちゃいます。しかも奥さんはそのショックで動揺し、運転を誤って交通事故で死にます。

ここまでが中盤で、後半はホレイショ警部の復讐劇が始まります。『**死の接吻（Kiss of Death）**』というのは裏切り者に対するマフィアの死刑宣告のことですから、ここでタイトルと中身が一致します。

キャスティングの意外性を除けば、あとは成るようにしか成らない展開が予測できますから観ても観なくても構わないのですが、ウェイストランドの荒野を走るには（筍御飯の食べ過ぎで）まだ胃が重かったので、もう少し観ることにします。

そして3年後、という展開は洋の東西を問わないようです。何度も書いたり喋ったりしたことですが、「そして3年後（Three Years Later）」というのは「人や状況が変化した」というドラマの記号であり、脚本家（監督）から観客へのサインです。

ただし、今回は3年後などと悠長なことは言ってられませんから、復讐のために模範囚を擬装したホレイショ警部は仮出所します。

この仮出所という制度は「刑務所もの」のキモのひとつでもあるのですが、まあ今回はそれはどうでもよろしい。

仮出所が迫ったある日、ホレイショ警部は呼び出しを受けます。呼ばれた場所が、奥さんの死を告げられた同じ「教誨師」の部屋であることに不吉な予感を覚えますが、待っていたのは敏腕で鳴らした検事殿とその一党で、案の定というかやっぱりというか、裏切り者の従兄弟とその一味が過去にやらかした事件を解決するための司法取引を持ちかけられます。この検事を演じているのが、何という名前か知りませんが、最近は大作で悪役を連発している役者さんです。ニコラス・ケイジさんやサミュエル・L・ジャクソンさんほどは驚きませんでしたが、この映画はどこまでも無駄に豪華なキャスティングがつづくようです。

ちなみにこの役者さん、私の映画の常連でもあった松山鷹志という役者さんにクリソツなのですが（だから覚えたのですが）、それはまあどうでもよろしい。

以降の展開は、ホレイショ警部がこの敏腕（ということは悪辣な）検事を利用したり利用されたりしながら、復讐を果たしつつ自分と家族の安全を図り、この検事の遣り口を快く思っていない所轄の刑事サミュエル・L・ジャクソンがそれに絡む、というやや複雑な構成の展開になりますが、詳述するほど文字数もないので（面倒なので）割愛します。

本質的にナーバスなホレイショ警部ですから、汎用機関銃やグレネードランチャーで武装して殴り込みという展開にはならないと思っていましたが、それなりに凝った脚本ではありました。まあ、フィルム・ノワールじゃありませんし、ホレイショ警部はアラン・ドロンじゃありませんから、レジスタンスの記憶に縛られて黒社会と縁が切れない中年男の哀感、なんてことにはなりませんが。

ひとつ面白いと思ったのは、ニコラス・ケイジさんが演じるリトル・ジュニアというギャングの二代目ボスのキャラクターです。

この人はストリップ・クラブ経営を表看板にしており、踊り子をバーベル代わりに持ち上げて日々筋トレに励んだりしている変わり者ですが、ホレイショ警部が囮捜査の片棒を担いでクラブを訪れたおり、酔っぱらいが踊り子に「禁断のお触り」をして騒ぎになります。「踊り子が気楽な商売だとでも思ってるのか」とニコラス・ケイジさんが凄みます。その恐ろしい顔に酔いも一気に冷めた客の★★が縮み上がります。

「ストリッパーに敬意を払え」

悪役に奇妙なコダワリを持たせてキャラクターとしての奥行きを担保する、という遣り方はアメリカ映画の常套手段ではありますが、これと同じことを邦画でやると板につかないのは何故なのでしょうか。

まあ、ハリウッド映画だって何でもかんでも通用するわけじゃなくて、ニコラス・ケイジさんが真面目に（楽しそうに）やってるから洒落てるんでしょうが、こういったディテールの引き出しを増やすのが「TVをつけたらやっていた映画」を鑑賞する楽しみではあります。ストーリーなんか忘れちゃっても、こういう部分は覚えておくもんです。

だからと言って、引き出しばかり増やして脚本の構造を学ばなくてもいいわけじゃないんだぞぉ、辻本。

というわけで、22年後にメインキャストと敵役が全て大物になった珍しい映画でしたが、だからといって傑作というわけではもちろんありませんし、監督の手柄でもなんでもなく、ただの偶然でしょう。

22年前のホレイショ警部やニコラス・ケイジさん（は殆ど変わっていませんが）、サミュエル・L・ジャクソンさんに興味のある方のみ、探して観てみる価値があるかもしれない映画でした。

結局、最後まで観ちゃいましたけど。

んじゃ、また。

●その13『死の接吻』

(『Kiss of Death』/95年/米)
監督/バーベット・シュローダー
出演/デビッド・カルーソ、ニコラス・ケイジ、サミュエル・L・ジャクソン

リチャード・ウィドマークのサイコっぽい演技が注目された、彼のデビュー作『死の接吻』(47)のリメイク。そのウィドマークの役を演じているのがニコラス・ケイジことニコケイ。主人公を演じる「ホレイショ警部」とはデビッド・カルーソのこと。「検事を演じている」のは名バイプレイヤーのスタンリー・トゥッチ。この面子が集まったのも、監督のシュローダーが『運命の逆転』(90)を手掛けハリウッドで注目されていた時期だったからだ。

その 14

女猫雀士 雀奴《ジャンヌ》
闘牌伝説

いよいよ「雀シネ」こと「麻雀もの」のVシネです。実は私は「雀シネ」が大好きで、10本近くは観ていると思います。もちろん麻雀も好きですが、映画の勉強のために観ているのです。「雀シネ」の映画としての主題はもちろんキャラクターであり、主人公である雀師のキャラクターを描くことがそのままドラマに直結するという普遍的な構造に支えられていますから、ストーリーは定型であることが半ば必然であり、その演出的差分を抽出しやすい形式でもあり、数多く観ることがそのまま演出の引き出しを増やすことになるジャンルの典型なのです。

もちろん機会があれば是非とも撮ってみたい、と念願しています。まあ、その可能性は限りなく低いのですが。

という訳で『**女猫雀士／雀奴（ジャンヌ）／闘牌伝説**』ですが、大変に長いタイトルなので、以下『**雀奴（ジャンヌ）**』と略します。それにしても長いタイトルですが、「麻雀の奴婢」を略して「雀奴（ジャンヌ）」と読ませた、その時点でレンタル的には勝ったようなものでしょう。

思わず手が伸びること請け合いです。しかも主人公を演じるのは「くらたま」こと漫画家・倉田真由美さんの『**だめんず・うぉ～か～**』でお馴染み、美女（というか年齢不詳の怪物）の誉れ高い女流プロ雀士のヨーコさん（＝渡辺洋香）です。倉田さん本人もちょっとだけ友情出演していますし、このプロデューサーはなかなかの遣り手だと直ちに判明します。いつかTVでやるだろうと思っていたのですが、なかなか放送されず、そのうちに忘れていたのですが、例によって食後にプチプチしていたら番組表で見つけたので録画しました。と言っても、実生活は『Fallout 4』でイッパイなので、どこから眺めてもどこで寝てもオッケイの就寝用録画です。ドキドキしながら、しかし過大な期待は控えつつ鑑賞を始めましたが、開始10分以内に3度もヨーコさんの回想シーンが挿入された時点で、脚本がダメであることが判明します。

やはりこの手の企画ものに過大な期待は控えるべきでしょう。ドラマに期待出来ないとすれば、残るのは主役を演じているヨーコさん自身を含むキャラクターへの興味と、闘牌シーンの演出だけです。ヨーコさんは噂に違わぬ年齢不詳ぶりですが、麻雀の技術はともかく、演技力はいつ破綻が訪れてもおかしくないという有り様ですし、脱いだり回し蹴りを決めたりもしませんから、『だめんず・うぉ～か～』の熱烈なファンでもない限り、それのみで成立するというレベルではありません。ヨーコさんに代わって脱ぎを担当したのは氷沼桐子という女雀師を演じた女優さんですが、この方は同じ名前の『KIRIKO』という映画で女座頭市を演じた女優さんです。なぜそんなことを知っているかと言えば（詳細は略しますが）私はこの『KIRIKO』という映画にちょっとだけ関わりがあったからなのです。ただし、この女優さんも仕込み杖の扱いはなかなかのものでしたが、演技の方は残念な方なので、もはや残るは敵役だけです。そしてヨーコさんと桐子さんの前に立ち塞がる敵役、悪名高い代打ちのナントカ兄弟の片割れが、何と藤木義勝なのでした。

不意を衝かれたので腰が抜けました。お前、こんなところで何をやってんだ、と叫びそうになりましたが、犬猫を含む家人はすべて爆睡中の深夜ですから控えました。

藤木義勝は麻雀どころかパチンコを打つカネもない貧乏人ですが、いちおうは役者ですから、指導も訓練も受けたのでしょう、長い足が雀卓の下に納まらないことを利して椅子に片膝を就く、という雀荘では御法度のスタイルで代打ちの役に挑みます。

いつチョンボするかわからない、ハラハラドキドキの緊張感溢れる闘牌シーンが始まります。

途中で気がついたのですが、藤木義勝の兄貴分を演じる俳優さんはどこかで観た顔だと思ったのですが、何とあの勝新太郎の息子さんではないでしょうか（違ってたらすみません）。

キャストに関する意外性だけは満載の闘牌シーンは、雀シネ特有の蘊蓄も含めた見せ場の筈なのですが、脚本の都合で半チャン勝負でもあり、ヨーコさんの必殺の国士無双であっさりとケリがつきます。

書き忘れていましたが（どうでもいいから忘れていたのですが）、そもそもこの勝負は、立ち退きを迫るヤクザから恩義ある雀荘を守るための勝負であり、決着のあとで報復のアクションシーンかと思ったら、これもおそらく予算のカンケイでしょう。このヤクザが妙に物分かりの良い方のようで「これ以上オレに恥をかかせるんじゃねえ」と報復を示唆する手下をクリスタルの灰皿で殴りつけたりします。

本当にこれで終わっちゃうのかしら。

…と思ったら何と藤木義勝が突然起ち上がり「あんな女どもに負けたなんて俺ぁ我慢ならねえ」とか何とか喚いて飛び出します。

最後に一花咲かせるか藤木義勝、の展開です。どうせ返り討ちに合うのは目に見えてますけど。

全力疾走で追いついた藤木義勝がヨーコさんと桐子さんの前に立ち塞がります。

「命が惜しけりゃ、そのカネを置いていきな」

「麻雀で負けた挙げ句に今度はそれかい」

あんた最低の男だね、と啖呵を切る桐子さんにやおら自動拳銃を突きつけます。自動拳銃なんて、一介の代打ち稼業の男がどこからどうやって入手したのでしょうか。

おそらくBIGSHOTの納富(貴久男)さんに借りたのでしょう。必殺の一弾は桐子さんを庇ったヨーコさんの二の腕を掠め、藤木義勝は駆けつけた(良い方の)ヤクザに撃たれて倒れます。

その子分が三連射してトドメを刺しますが、予算の都合でしょう、手間隙とオカネのかかる弾着を省くためにフレーム外での最期で、断末魔の演技もありません。

監督としては妥当な判断です。

という訳で、雀シネとしてはすべてが中途半端で、どちらかと言えばトホホな作品ですが、企画ものとしては必要充分な出来なのでしょう。

実はあまり書きたくなかったのですが、中盤の回想シーンで、何と藤木義勝が勝負に負けた桐子さんをレイプするという前代未聞のシーンもあります。といっても、バセットより心優しい藤木義勝のことですから、上半身裸で桐子さんの背後から「オッ」とか「ウリャ」とか叫んでいるだけで、オッパイ鷲掴みもならず、単にアテアテするだけで、根性が決まっている桐子さんにリードされるトホホなレイプシーンです。

だから書きたくなかったんだけど。書いてしまいましたが。

ちなみにエンディングテロップを眺めていたら、撮影も照明もかつての私の実写映画を支えてくれた恩義ある方々ばかりで、拳銃の作動が妙に本格的だと思っていたら、ガンエフェクトは正真正銘のBIGSHOTなのでした。

最後まで（個人的に）意外性溢れる1本ではありました。藤木義勝に興味のある方のみ（あまりいないと思いますが）レンタル屋さんの雀シネのコーナーを探してみてください。

んじゃまた。

●その14『女猫雀士 雀奴（ジャンヌ）闘牌伝説』

（03年／日本）
監督／内藤忠司
出演／渡辺洋香、蛍雪次朗、草川祐馬、藤木義勝

ヒロインを演じる渡辺洋香（ようこ）は、97年に最高位戦日本プロ麻雀協会にトップ合格し、02年に女流最高位を獲得した美人プロ。押井さん曰くの「ヨーコさんに代わって脱ぎを担当した」女優は高橋めぐみ。彼女が座頭市に扮する『KIRIKO』とは『妖闘地帯 KIRIKO』（94）のこと。もうひとつ「勝新太郎の息子さんではないでしょうか」というのも当たっていて、その息子さんこと、19年に亡くなった鴈龍太郎も出演している。

その15

THE APOCALYPSE

ジ・アポカリプス

以前にも紹介しましたが、YouTubeは短編映画の倉庫です。あくまで「倉庫」なのであって「宝庫」と呼ばないのは、その膨大なストックの95パーセントがクズだからです。なんなら「ゴミ捨て場」「ジャンクヤード」と呼んでもよろしい。もちろん、短編映画だから95パーセントがクズだというわけではなく、世の中の映画と呼ばれているものの95パーセントがクズなのであり、敢えて言うなら「何でも95パーセントはクズ」なのです。

こういう書き方をすると顰蹙を買ったり炎上したりするのが、昨今のネット社会の常識のようになっていますが、「何でも95パーセントはクズだ」という言葉を私は否定的に使っておりません。「95パーセントのクズ」と「5パーセントの良品」があって、初めて価値の序列というものが成立するのであって、すべてが同じクオリティということは自然界においてもありえず、だからこそ生物は進化してきたのであって、その結果として人類も誕生したのですから、「何でも同じクオリティ」という思想はそっくりそのまま人間の自己否定にしかなりません。価値観というものは、そこにヒエラルキー(優劣や強弱の階層構造)というものが存在して初めて存在するのであり「価値を生産する」という運動のベクトルも生成されるのです。「クズ」という言葉がお気に召さないのなら「ゴミ」と呼んでも構わないし、「ゴミ」がさらにお気に召さないのなら「ジャンク」でも構いません。「凡庸」と表現しても良いのかもしれませんが、このメルマガの読者なら、私にとって「凡庸」こそは表現の世界における最大のアクであることは御案内の通りでしょうから、敢えて使いません。そもそも「クズ」「ゴミ」「ジャンク」というのは「無価値」であることを意味しません。「クズ」や「ゴミ」や「ジャンク」には「クズ」「ゴミ」「ジャンク」としての固有の価値があるのです。それらは「傑作」「名作」「快作（怪作）」という可能性の残骸であり、道標でもあるのですから、決しておろそかにすべきものではありません。そしてあらゆる「価値」なるものは、遅かれ早かれ、いずれは「ジャンク（廃品）」になる運命にあるのです。

ちなみに私は「ジャンク」が大好きで、だからこそ『Fallout 4』という「ポスト・アポカリプスのゴミ漁りゲーム」に膨大な時間を費やしているのであって、表現におけるジャンクもまた然りです。

というわけで、今回は「ポスト・アポカリプス」でなく「アポカリプス（黙示録）」そのものを描いた短編映画です。

お話は、とあるアパートで若い男2名、女2名、計4名が暇を持て余してゴロゴロしているところから始まります。天気のよい午後にゴロゴロしているのですから、学生か芸術家という名のプーなのでしょう。アメリカの映画ですし、むこうの方々は年齢より老けて見えるのでよく判りません。

「退屈だわぁ、何かないわけ?」

「さあ、何にもねえなあ」

…といった程度の会話であることは私程度の英語力でも理解できます。長髪でヒゲの男1はソファでウクレレか何かを抱え、床に転がっている女1は風船ガムを膨らませて弾いていますが、これが実は伏線になっている、という演出です。

退屈でのけぞっていた男2の頭が、何の前触れもなく吹き飛びます。なかなか見事な合成です。一瞬の静止の後に、女1および女2がギャアギャア喚いて大騒ぎになり、何の説明もないまま女1の顔面が吹き飛びます。こちらはさらに即物的で見事な合成です。TVの画面内でもニュースキャスターの頭が吹き飛び、スタジオが大騒ぎになっている状況が画面の隅に映っていて、これが局地的な異変でないことを傍証しています。わざわざカメラを画面に振ったり、登場人物がリアクションを起こしたりしない、抑制の効いたセンスの良い演出です。

アメリカ人なら常識として、直ちに「スナイパーによる無差別テロ」を連想するのでしょうが、残った男1女2も慌ててカーテンを引き、玄関から表へ脱出を試みます。実は狙撃を疑うなら動かずに伏せているべきなのですが、映画の都合で(テンポが落ちるので)行動を起こすことにしたのでしょう。表通りでは日常の光景が広がっていますが、それも束の間のことで、配達のオッサンの頭が弾け、カメラパンした先で犬の頭も吹き飛びます。これはヤバイ、と直ちに部屋に引き返すのも映画の（予算の）都合なのでしょう。男1と女2は冷静たるべく、女2の主導で手を合わせて深呼吸します。アメリカの若い姐ちゃんにありがちなナチュラル系のヒーリングサークルにでも通っているのでしょう。がしかし、そんなものでどうにかなる筈もなく、玄関がピンポンされた途端に女2の頭も敢えなく吹き飛びます。おそらく演出家はナチュラル系の女性に悪意があるのでしょう。

訪問してきたのはバスタオル一枚の褐色系の美人です。演出家か脚本家が、無差別に頭がポンポン弾けるだけでは単調に過ぎる、と判断したのでしょう。悪くない展開です。このお姐さんは状況にそぐわぬ緩いキャラで、映画全体のテンポを転調させることが狙いなのでしょう。

「シャワーを浴びてたら何か騒ぎが始まったみたいだけど、何が起こってるのかアンタわかる？」

「あ、ちっとも」

…くらいの会話であることは私程度の英語力でも理解できます。このお姐さんと何とかなるのかと思ったら、呆気なく男1の頭も吹き飛びます。バスタオル姐さん、殆どノーリアクションです。

つづいて登場したのはアンビュランスの救命士のようです。オオマイ…とか何とか言いながら他人の家にズカズカ上がり込んでくるのは、常日頃の職業的慣習というやつなのでしょう。

「What we do ?」くらいの英語は私でも理解できます。「I have no idea」も理解できます。ところで…と、救命士の男はバスタオル姐さんを改めて眺め、「あんた可愛いね」「あら、ありがとう」といった場違いの会話があって、２人は顔を寄せ合います。その向こう側の窓でも2羽のハトが電線に並んで翼を休めています。そのハトの頭が吹き飛んで映画は唐突に終わります。

まあ、傑作とか名作とかの類いではありませんが、合成は見事だし演出も気が利いているし、役者さんの演技も上々ですから、退屈だけはしません。つまり「凡庸」からは免れている一作です。特に何もないけど文句あるか、という潔さが感じられて、私的には好感が持てました。

5分45秒しかないショートフィルムですから、お手間もとらせません。興味のある方はYouTubeで検索してみてください。

んじゃまた。

●その15『THE APOCALYPSE』（ジ・アポカリプス）

（13年／米）

監督／アンドリュー・ザチェロ

出演／マーティン・スター、アラ・レイ・ペック、ベン・パイク

5分ほどの短編。ワンカットで頭がぶっ飛ぶシーンが受けたのか、13年のサンダンス映画祭で短編映画審査員賞にノミネートされ、同年のサウス・バイ・サウスウェスト映画祭のミッドナイト短編部門で最優秀賞を獲得している。監督のザチェロはこれまでもたくさんの短編を手掛けているが長編デビューはまだのようだ。

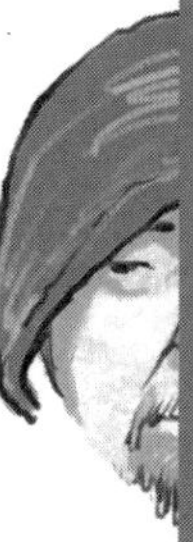

その 16

TWIN PEAKS ／The Return（ツイン・ピークス ザ・リターン）

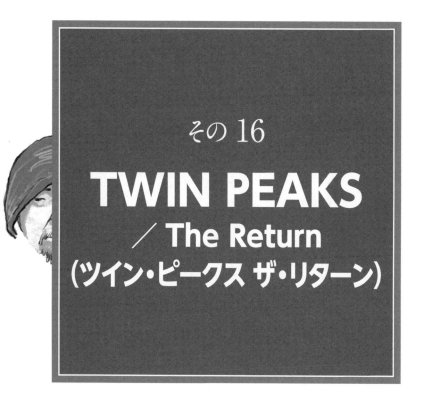

25年の歳月を経て、あの世にも稀な怪奇ドラマの再開です。待望の、とは素直には申せません。どうせ最後まで観たって今回も何も完結しやしないんだ、といった愚痴を垂れるほどウブな観客じゃありません。リンチ映画の謎を解くべく、繰り返し観続けてきた、他ならぬ私がそう申し上げるのです。

デビッド・リンチさんの映画の正体は何か。実はすでにその正体は判っているのです。普通なら判ってしまった時点で、つづけて観る意欲を喪うのが私の映画鑑賞の通例ですし、判ったのちもなお観続けるとしたら、その理由はフェティッシュ以外にありません。

だからこそ観たいけれども、観たくないのです。どうしようかなあ、観たいけどやめておこうかなあ。観れば絶対に面白いであろうことは保証つきですが、同じように観れば後悔することも、これまた鉄板の折り紙つきです。

その理由は最後に書きますが。

そういう訳で、さんざん逡巡していたのですが、ネットニュースを眺めていたらリンチさんのメッセージらしきものが出て来て、クリックしたら、これは本人がドーナツを齧っているだけの、まさに「人を喰った」詐欺のような映像だったのですが、リンクを辿ったら第1話のフル・ムービーに辿り着いてしまったのです。

言っておきますがYouTubeの不法転載じゃありません。WOWOWさんの太っ腹な計らいのようです。ここまで来てしまっては、もはや引き返せません。冒頭、見覚えのあるような無いような爺さんの小屋に、大きなダンボールが配送されます。中から出て来たのは梱包されたスコップで、それも1本や2本じゃありません。

「手伝おうか？」

「いや、1人でやりたいんじゃ」

何を手伝うのか、なぜ1人でやりたいのか、そんなことを説明するような監督じゃありませんから、何もわからないままシーンはブチ切れ、話はいきなりNYに飛びます。今回は田舎町の物語だけでは済まないようです。

古いビルの1室で、能面のように無表情な青年がガラスの箱と睨めっこしています。鉄枠で組み上げられた不吉なガラス箱ですが、よく見ると奥の壁からパイプが延びて繋がっています。

これは何だ、と思うこと暫し、青年を姐さんが尋ねてきます。どういう関係なのか、例によって説明はいっさいありませんが、お姐さんは青年に、というより厳重に閉ざされた部屋の奥に何があるのか興味津々のようで、コーヒーを運んで来たのは、あからさまな口実だとすぐに判ります。

「すまない、部屋の中には案内出来ないんだ」

入り口の脇にはゴツい警備員が睨みを効かせています。お姐さんは諦めますが、すぐにまたやって来ます。なぜか警備員が不在です。飯を喰いに行ったのか、トイレなのかも判りません。

「今日は警備員がいないし、少しだけ中に入ってもいいかしら」

よくよく見れば、美人でもセクシーでもありませんが、リンチさんが好きそうな、少し行っちゃってる系の好いたらしい姐さんです。青年にもその気があったのでしょう。室内に入った姐さんはガラス箱を見て一驚します。青年は、学資を稼ぐ為に大金持ちにバイトで雇われたのだ、という状況設定以外は説明しません。

「あの壁の穴から何かが出てくるのを見張っているだけなんだ」

「何が出てくるの？」

「知らないけど、前任者は一度だけ見たらしい…座ろうか」

2人並んでソファに腰掛けると、直ちにイチャつき始めます。

姐さんは自主的にスッポンポンになります。若い男女がイチャついてると酷いことが起こる、というお約束の危険な前兆です。

本格的にイチャつき始めた途端、ガラス箱になんだかよく判らない、ビデオ処理された幽霊の如きものが出現し、恐怖に目を見開いた不純なカップルが惨殺されます。警備員がなぜ留守だったのか、最後まで説明されません。これで10分くらいでしょうか。

舞台はまた変わって、アパートの寝室で惨殺死体が発見されます。鑑識のオバさんと刑事がシーツを剝ぐと、首から上は女性、それ以外は太ったオヤジという複合型の全裸死体が出てきます。室内には地元の高校の校長先生の指紋がタベタ付着しています。警察が自宅に急行して逮捕しますが、校長先生は本当に心当たりがないらしく、ひたすら無実を訴えますが、留置場にいた犯人が翌朝まったくの別人に変わっても説明しない主義のリンチさんですから、おそらく校長先生は本当に身に覚えがないのでしょう。

前作の主人公だったFBIのマクラクランさんも堂々たる中年男として登場しますが、売春宿らしき家を尋ねて用心棒を殴り倒し、若い男女を連れ出しただけで終わります。何も判らないまま第1話が終わります。

おわかりでしょうか。説明が大嫌いなことに関しては人後に落ちない私にしてからが、どう反応して良いか判りません。不条理を通り越して理不尽、という言葉が思い浮かびます。

リンチさんだからこそ許されるのです。世の中には、どんな無茶をしても許される監督の席というものが確実にあるものなのです。

リンチさんにとっては、映画とはこうしたものなのであって、全く疑いを抱いていないことが如実に判りますから、文句を言う筋合いじゃありませんし、私にとっては、このやりたい放題のリンチさんの不気味なドラマに、昨今の説明過剰予定調和大好き人間である若者たちがどう反応するのか、そちらの方が興味津々です。観たくもあり、観たくもない理由がお判り戴けたでしょうか。

最後に、リンチ映画の正体について簡単に触れます。リンチさんの映画の本質は「人間という不気味な存在」と、その「不気味な存在である人間たちが紡ぎ出す不気味な妄想」に尽きます。そして「リンチ映画が酢豆腐のように後を引く」。その最大の理由もまた、「人間は自分の存在が抱えている不気味さ」にぼんやりと気がついていながらそれを忘れたふりをして生きている（そうしないと気が狂う）という不気味な状況に由来します。

観たくないものを見せられていながら、それから目を離せない。

「観たいけど観たくない」

私が冒頭にそう書いた理由でもあります。で、これからどうするかと言えば、結局最終話まで観るんだろうな。毎週金曜の字幕つきの方を予約録画するんだろうな。きっとDVDボックスも買うんだろうな。

いやだなあ…。

という訳で、いやな気分に浸りたい方だけにお薦めします。

んじゃまた。

●その16『TWIN PEAKS／The Return』（ツイン・ピークス　ザ・リターン）

（17年／米）
監督／デビッド・リンチ
出演／カイル・マクラクラン、キミー・ロバートソン、ハリー・ゴアス、メッチェン・アシック、マイケル・ホース

2000年に放送が開始され、その不条理さが受けたのか日本でも中毒患者がたくさん出て、一大ブームとなった『ツイン・ピークス』。本作は17年ぶりの続編（?）で、監督リンチ、脚本リンチ&マーク・フロスト、音楽アンジェロ・パダラメンティと同じメンバーが揃い、キャスティングもマクラクラン=クーパー捜査官、マイケル・ホース=トミー・“ホーク”・ヒル、ラス・タンブリン=ローレンス・ジャコビーと同じ役者が同じキャラクターで出演している。1シーズン、18エピソード作られたが、残念ながら前回ほどのブームにはならなかった。シュール度が深くなったせいなのかもしれない。

その17

勇者の異常な愛情 または私はいかにして『DQXI』から撤退を決心し ウェイストランドを愛するようになったか

唐突ですが、私は『DQXI』から撤退し、『Fallout 4』のサバイバル生活に復帰することになりました。

『DQXI』のプレイ時間は35時間程度。カジノで有り金を叩いて購入した200コインを元手に、10コインスロットでジャックポットを連発、総計で60万コインを稼ぎ出したところで、これ以上の冒険を断念するに至りました。その理由は何か。この数年間、待望すること久しかった『DQXI』を放棄して、なぜ『Fallout 4』の荒野に舞い戻ることになったのか。『DQXI』に関しては編集部から読者の御要望が多いことも伝え聞いており、なにより自分自身にとって今回の心境の変化は衝撃であったこともあるので、緊急掲載と称して稿を起こすことにしました。

『TVをつけたらやっていた』（編集部注＝2004年に発売された本書のルーツとなる本）を楽しみにしていた読者（がいるかどうか知りませんが）には大変に心苦しいのですが、とにかくボンヤリと映画なんぞ観ている場合でなかった筆者の心境を汲んでいただき、御寛恕を願います。

何かヘンだな、というのが最初の数時間の印象でした。けっしてゲームとしての出来が悪いわけではありません。むしろグラフィックもシステムも洗練されていて大変に遊びやすく、心配していたキャラクターもスタート当初はやや違和感があったものの、すぐに気にならなくなっていました。音声が無いことはこのシリーズのお約束ですし、会話や設定にも堀井（雄二）さん一流のウィットが感じられ、シリーズを通して印象深かったキャラクターやエピソードの変奏が随所に散りばめられた構成も、長かったシリーズの集大成といった趣きで、オールドファンとしては懐かしく、むしろ好感を持ちました。

ただ、何かが違うのです。それも決定的に。直裁に言って、燃え立つものが感じられないのです。

メインストーリーの逃亡劇は過不足なく設定されており、ゲームを楽しむ余裕を与えるという意味では、むしろ凡庸であることも重要ですから、その点に不満があるわけではありません。ただ頻繁に挿入されるムービーシーンは、あきらかに過剰であって、キャラクターを操作する時間が寸断されることで、脳内にゲーム世界を構築するための集中力が阻害されます。制作者としては現在の進行状況を明らかにし、遊び慣れていないプレイヤーを含めて、いかなるプレイヤーも詰まったり脱落させたりしたくない、という配慮なのかもしれませんが、シリーズをやり込んできたオールドファンからするなら説明過剰であるだけでなく、有り体に言って「余計なお世話」であり「ゲームの中断」であるに過ぎません。一事が万事、序盤どころかゲームスタートと同時にあっさり入手出来るワールドマップから、「超」がつくほど便利なキャンプシステムに至るまで、全てが親切過ぎる設定で、モンスターとのランダムエンカウントすら排除されているのですから、至れり尽くせりの冒険旅行です。かつてあれほど苦労して入手した「船」まで仲間があらかじめ自弁で賄ってくれるのですから、文字通りの苦労知らずです。

但し、その船の上陸地点はあらかじめ設定されています。気がつけば30時間を経過して、宿に泊まったのは2回だけ。金欠で買い物に不自由したことも一度もありません。全滅どころか、仲間が戦闘中に死亡した経験も1度あるだけです。

「そこに見えているが行けない」「買いたくても金がない」「モンスターが強力過ぎて先に進めない」「命からがら町に転がり込む」ことが冒険の常識だとするなら、およそ今回の冒険には「壁」と思えるものが存在しません。

がしかし、待って戴きたい（ここからが本論です）。障壁や障害のないところに果たして「冒険」が存在するでしょうか。苦労を重ねた末に獲得出来るものをこそ、「達成感」と呼ぶのではないでしょうか。子供であろうが社会人であろうが、それこそオヤジであろうが総理大臣であろうが、等しく相応の時間と労力を惜しみなく投入して努力を重ねた者のみが、「ゲームクリア」という栄冠を獲得出来るものを「ゲーム」と呼び、だからこそ人は無償の行為に情熱を燃やしたのではなかったか。

導かれるままに、そこそこの時間の投資で達成出来るものは、それに見合った満足感でしかありません。

今回の『DQXI』は、あまりにも親切に、便利に、ストレスなく、全てのプレイヤーがコンプリート可能であるように設計されています。

要するに「よく出来過ぎている」のです。誰もスカを引くことなく、豪華な景品が目白押しの福引きのようです。おそらく読み込み時間を短縮するための工夫なのでしょうが、マップが分断され、分節化されていることも無関係ではありません。『DQⅧ』でエンカウントの不安を感じながら地平線の果てまで走り続けた、あの爽快感も緊張感もありません。

体感出来る世界があまりにも狭いのです。ローディング時間を短縮するためにマップを分節化したのだとするなら、その見返りに制作者たちは最も重要な仮想空間の広がりを喪失させてしまったのです。

これは私のような「ランニングプレイヤー」。ただ仮想世界の中を駆け巡りたい、ストーリーやゲームクリアよりゲーム世界に身を置き続けたい、と願うプレイヤーにとっては致命的な欠陥です。

念のために言っておきますが、私は『DQⅪ』を貶しているわけでも、ましてや失敗だの欠陥品だのクソゲー扱いしたいわけではありません。

むしろ極めて完成度の高い、良く出来たゲームだと評価します。ただ、私のようなプレイヤーの願望を満たすシステムではない、という事実にいまさらながら気づいただけなのです。『DQ』というゲームが変わってしまったわけではない。

私が変わってしまっただけなのです。おそらくは『DQ』という、あまりにも慣れ親しみ過ぎたタイトルに幻惑されて、またいつものように「旅に出る」という夢を思い描きつづけ、変わってしまった自分に気づかなかっただけなのです。

架空の世界における達成感のために、およそ現実には何の役にもたたぬスキルアップに励み、膨大な時間を無為に投入しつづける。そのことがゲームすることの意味であった時代はとうに終わっていたのです。

一文にもならない無償の行為だからこそ情熱を燃やす。同好の士以外に誰も評価しない行為だからこそ精勤する。プレイする人間の資質も社会的地位も問われない、仮の世界での栄冠だからこそ価値がある。

私にとってのゲームとはそういったものであり、だからこそ60歳をとうに過ぎた半ジジイの身でありながらゲームにハマり、廃人呼ばわりされてもゲーム世界に精勤するのです。

そういった意味では私もまた、かつて対戦格闘ゲームの世界に於いて二つ名で呼ばれ、実生活で破綻を余儀なくされた人間たちの端くれであるのかもしれません。

新作の『DQ』から撤退せざるを得なくなった自分に、一抹の寂しさを感じないわけではありませんが、「祇園精舎の鐘の声」であり「諸行無常の響きあり」です。

衆寡敵せず。これもまた世の倣いです。言いたいこと、書きたいことは多々ありますが、オールドゲーマーの、そのまた変種の嘆きと嗤っていただいて結構。もはや旅の意味は喪われ、私のパーティーは解散に至りました。

復帰したウェイストランドは、依然として理不尽かつ不条理な世界ですが、私にとって心安らぐ魂の故郷ではあります。

サバイバルモードの二周目も、はやレベル80を超えました。

そろそろ理不尽な地雷の炸裂にも、不条理なデスクローの出現にも対抗出来るレベルに近づき始めましたが、出会い頭のステルスアサルトロンに両断されて即死したばかりですから、まだまだ冒険の日々は終わりません。終わりが見えてきたその時は、再び別の主題を掲げてNEW GAMEを起ち上げるだけの話です。

脳内妄想は無制限ですし…それに『DQB2』の発売も告知されたばかりですから（嬉）。

私のゲーム生活は、まだ終わらなひ。

その 18
マシンガン・シスター
／復讐の天使

あらかじめ言っておきますが、傑作じゃありません。

どちらかというと、かなり酷い映画です。もともと、このコラムは傑作だから紹介するということでは全くなく、「たまたま」「偶然に」「TVをつけたらやっていた」映画について、記憶だけを頼りに語ることがテーマなのですから傑作もヘチマもないのですが、そうは言っても何でもいいということではなく、何かしら思うところがある映画をそれなりに選んでいるわけですが、今回の映画はそれすらありません。

では何故、何を根拠に選んだのかといえば、要するに他に何も観ていないうちに原稿の締め切りが来てしまったからなのです。『Fallout 4』サバイバルモードで、ようやくレベル100を越えました。クエストを殆どやらずにレベル100を、しかもサバイバルで実現するということは、これはもう大変に凄いことで、なんなら偉業と呼んでも差し支えないのですが、ゲームに興味がない読者にとってはカンケイないことなので、そのことをクドクドと書いて嫌われることは私の本意ではありません。ありませんが、そういう訳でTVすら観ている暇がなかったのだ、という事実を確認しておかないと、『マシンガン・シスター』観たけどあんまりじゃん、ということになりかねないので、こうしてクドク書いている訳なのです。

というわけで『マシンガン・シスター』です。タイトルからして堂々たるB級ですが、中身も実に見事なB級です。これはどこからどう観ても、申し開きが出来ないくらいにB級なのであって、いっそ爽やかなくらいです。

タイトルからしてカッコよくてエロい姉妹が機関銃を乱射する映画を連想しますが、実態はその一歩先を行っています。「シスター」は「シスター」でも「姉妹」ではなく「修道尼」「尼僧」の方です。

これは意表を衝かれました。ディテールから察するに、舞台はアメリカ南部のおそらくメキシコ国境近くなのでしょうが、要するに架空の無法地帯です。登場人物は麻薬組織のギャングや売春婦ばかりで、麻薬と暴力と売春で地域一帯を支配しています。聖職者たる教会の司祭や修道院の院長も全てギャングと手を組む悪党です。警察官は一名も登場しませんが、この辺りは「話が複雑になるだけだし、誰もそんなもの見たくないだろ」と言わんばかりの徹底ぶりで、ようするにリアルとはまったくカンケイない、ファンタジーだということなのでしょう。

主人公の修道尼は偶然に院内の麻薬製造現場を目撃し、ギャングに拉致監禁されて組織が経営する修道尼専門の淫売宿に下げ渡されます。何という女優さんか知りませんが、いきなりスッポンポンでベッドに縛りつけられて許容限度を越えたヤクを打たれています。さすがに主役だけあってそれなりに美人ですが、何故か登場する女優さんたちの中で一番ペチャパイなのが謎です。限られたキャスティング予算の中でバストより容貌を優先した結果なのか、監督の趣味なのか、おそらくその両方なのでしょう。

ちなみに麻薬製造現場で働く尼僧たちはもれなく全裸です。これはサーの『**アメリカン・ギャングスター**』でも同様のシーンがありましたが、ようするに製造しているヤクの盗難防止策で、麻薬絡みの映画ではもはや定番の表現になっているようです。この映画では、なぜか尼僧の頭巾（ウィンプル、と呼びます）だけは着用が許されているのですが、これは頭巾まで剥いでしまうと、リアルにはただのハダカのオバさんの集団であり銭湯状態になってしまってエロくないから、という制作者の判断なのでしょう。正しい判断です。

許容限度のヤクを打たれ、前後不覚となった主人公の最初の客は変態の司祭で、主人公を殴る蹴る締めるの蛮行におよび、激怒したギャングの頭目にバットで殴り殺されます。

開始早々からエロと暴力が全開です。ヘロインの過剰摂取と変態司祭の暴行で、登場と同時に死亡したかと思われた主人公ですが、もちろん死んでしまったのでは映画になりませんから、組織お抱えのヤブ医者に救出され、強心剤を大量投与されて生き返ります。そして、ここがキモなのですが、死線を彷徨った主人公はヤクの引き起こす幻覚の中で神の啓示を受けます。

肉体の限界を越えた状況で啓示を受ける、決定的な宗教体験をする、というケースは歴史的にも繰り返されたパターンで、キリスト教の一部の宗派では、神の声を聞く為に自分を鞭打ったりする修道士もいたりします。キリスト教とカンケイない無宗教の日本人からするなら、急性麻薬中毒患者の妄想に過ぎないじゃん、ということになりますが、あちらの観客にはそれなりの説得力があるのかもしれません。

「神を畏れぬ悪党どもを全部ブチ殺せ」という、判りやすい啓示です。手始めに命の恩人であるヤブ医者を射殺する、という忘恩の行為におよび、神懸かり状態となったシスターの凄まじい殺戮が始まりますが、ここからはあまり書くことがないので、主人公の装備について解説します。


骨董品のリボルバー×2。

形式不明の自動拳銃×1。

ダブルバレルショットガン×1。

トンプソンSMG×1。


この重装備を尼僧服に着想した姿は、それなりにカッコよく、パッケージはこれで決まりだというレベルです。衣裳部さん、なかなか良い仕事をしています。リボルバーはヤブ医者に貰ったものですが、ショットガンやトンプソンは何処で入手したのでしょう。射撃訓練を受けたこともない一介の修道尼なのに、なぜか拳銃は百発百中のヘッドショット。トンプソンSMGはプロ顔負けの的確なバースト射撃で無駄弾を消費しません。

おそらく神から授かった特殊能力なのでしょう。神父に反撃されて脇腹に被弾し、モーテルの風呂場で弾丸摘出なんてハードボイルドなシーンもあり、ドラマは杜撰な監督ですがこの辺の描写だけは手を抜きません。

おそらく辻本みたいな監督なのでしょう。淫売宿襲撃といえば**『ローリングサンダー』**や**『タクシー・ドライバー』**が直ちに思い出されますが、この監督もその世代の人間なのかもしれません。

凄まじい銃撃戦で組織を壊滅させた主人公と相棒の尼僧のコンビがその後どうなったのか、さすがに眠くなって寝てしまったので知りません。パトカーどころかサイレンすら響かなかったのですから、そのまま逃げ果せて、さらに神の啓示を実行すべく旅立ったのでしょう。

世が世なら制作者・監督・キャスト総員が焚刑必至でしょう。冒頭で書いたように、傑作ではありませんが、細部の描写には妙なコダワリがあり、アップテンポな編集はB級特有のダラダラ感を感じさせません。まあ、主人公以外の尼僧たちはもれなくオバハンですけど、オレは修道尼が大好きなんだという方々には一見の価値があるのかもしれません。探し出して観てみたけどあんまりじゃないか、と言われても責任は持てませんので悪しからず。

んじゃ、また。

●その18『マシンガン・シスター／復讐の天使』

（『Nude Nuns with Big Guns』／10年／米／劇場未公開）
監督／ジョゼフ・グズマン
出演／アサン・オルテガ、デビッド・カストロ、ペリー・ダマルコ

尼さんのヌードがたくさん拝めるが、その尼さんたちがおばさんばかりなのがイマイチという評判のエロな作品。主人公のシスターを演じているオルテガはスペイン出身の81年生まれ。ということは、このときまだ29歳。おばさんではないと思うが…。監督のグズマンは『リベンジ』（09）というナースがリベンジする映画も撮っている。コスプレ系がお得意なのかもしれない。

その19

ピカピカの靴

私見によれば、短編映画は短ければ短いほど優れています。

短編映画は長編映画のダイジェストではなく、独自の様式なのですから、その長さに見合った物語とスタイルというものが必要です。最後にオチがあるだけのアイディアストーリーを短編と呼ばないのは、小説も映画も同じです。

20分を超えるような映画は短編映画でもShort Filmでもありません。20分よりは10分、10分よりは5分の方が優れています。短ければ短いほどスタイルというものは確立しやすく、それが観客にある種の苦痛を強いるものであっても、耐えることが可能だからです。堂々たる長編作品で観客に自分のスタイルを強要するなどということは、タルコフスキーやアンゲロプロスにしか許されない蛮行です。

まあ、私も**『立喰師列伝』**で同じようなことをやりましたが、公開後に職業監督としての業界的制裁を受けましたから、道義的には許されるのです。それに（少数ではありますが）喜んだ人もいましたから。

ヴェネチア映画祭にも正式出品されました（ザマぁみろ）。というわけで、今回はスペインの短編映画です。

サエない風情の男がタイプライターに向かっています。「映画監督。ロベルト・ロドリゲス」とナレーションが入りますから、映画監督なのでしょう。貧しげな部屋ですし、本人も貧しげな風情ですから、おそらく自主映画の監督なのでしょう。ということは、この短編映画の監督でもあるのでしょう。本人が演じているかどうかはカンケイありません。記号的には本人以外ではあり得ないのです。「アマチュア映画人が身近なものを使って、どのように映画を撮るかについてコラムを書いた」と続きますから間違いありません。

その身近なもの、とは「太った友人」と「靴磨き機」です。動力つきの靴磨き機が轟々と回転して、タイトルが入ります。ここまでフィクスで6カット、18秒です。有無を言わせぬ編集であり、快調な演出です。これをスタイル（様式）と呼ぶのです。たちまち脚本が完成します。

「太った男が靴磨き機で靴を磨く」

たった一行ですから、これなら私でも一瞬で完成します。これからはこの方式でいきたい、と強く思いました。おそらくギャラを支払ってくれるプロデューサーはいないでしょう。でも自主映画だから許されるのです。辻本も似たようなことをやっていた筈です（確信的推論）。トリュフォーの**『アメリカの夜』**ではありませんが、彼の映画はクランクインと同時に様々なトラブルが続出して難航を極めます。

主役の太った友人が何を考えたのかスニーカーを履いてきます。常識的に考えるなら、スニーカーを靴磨き機にかける人間はいませんし、「スニーカーにワックスを塗ることも考えた」がしかし、「それでは視聴者の半分は理解不能だろう」し、「私の映画は知ったかぶりで実験的と非難

される だろう」と監督は考えます。

知ったかぶりだろうと実験的だろうと、面白ければいいじゃんと私なら考えますが、この監督は商業的な野心があるのでしょうか。それにしては先の一行脚本といい、主役を演じる友人にこれこれの映画だから革靴を履いて来い、と指定しなかったことも併せて、杜撰という他ありませんが、映画は容赦なく進行します。

これをスタイル（様式）と呼ぶのです。以下、快調なテンポで映画は進行するので、こちらも箇条書きにします。

●靴屋で革靴を購入し、予定外の出費を強いられる。
●ヴィスタサイズで撮影する方法が判らず午前中の時間を消費する。
●主役の太った友人が空腹を訴え、パスタを茹でる。
●太った友人がテレビを見ながら大盛りパスタを食べる。
●その友人が父親から暴力を加えられている事実を思い出し、それを利用して社会的評価を獲得することを考慮するが、作家性を優先する為にそのアイディアを否定する。
●撮影する。
●友人にギャラとしてクッキーを一箱プレゼントする。

撮影は無事に一日で終了し（靴を磨くカットだけなのですから当たり前ですが）友人は「映画の完成を楽しみに」帰宅し、監督も「彼が満足することを期待」します。これで終わりかと思ったら、まだ続きがあります。いきなり画面に見事なオッパイが現われ、自分でモミモミします。「観客を惹きつける映画には女性の乳房と自動車が必要だ」

表通りを行き交う車がフィクスでインアウトを繰り返して、今度は本当に映画が終わります。エンド・クレジットも何もありません。3分30秒です。これもスタイル（様式）と呼ぶのでしょうか。実にアッパレな短編映画です。

ちなみに、この映画の主役でもある映画監督は左目に大きなバンドエイドを貼っていますが、意味不明です。おそらく意味などないのでしょう。なにしろスタイル（様式）が全てなのですから。

興味のある方はYouTubeでカンタンに検索できます。ふざけるな、と言われても責任は持てませんが。

んじゃ、また。

●その19『ピカピカの靴』

（『Zapatos Limpios』／07年／スペイン）
監督／オリオール・プイグ・プラヤ
出演／ジョセ・ルイス・アドセリアス、デビッド・ティブルシオ

監督のプイグ・プラヤは数本の短編を監督し『It Girl』（14）ではスペインの短編&アニメーション映画祭で賞を受賞している。彼もまだ短編だけ。長編を撮るのはなかなかハードルが高い。ちなみに主人公の左目にバンドエイドの男を演じたアドセリアスは『ダルフールのために歌え』（07）等に出演しているプロの役者。

その20

RAKKA
（ラッカ）

YouTubeは私の大好きな短編映画の宝庫ですが、同時にスクラップの山でもあります。

かつてSFファンの集う大会の席上で「SFの95パーセントはクズである」と発言したSF作家シオドア・スタージョンは轟々たる非難、罵声の嵐に晒されたそうですが、それにつづいてこうも発言したそうです。

「何でも95パーセントはクズなのです」

人間もまた例外ではない、と言いたかったのでしょうか。ことの真偽はともかく、YouTubeに格納された映像の95パーセントがクズ同然だとするなら(そうなのですが)、短編映画もまた例外ではありません。昨今、明けても暮れてもYouTubeを眺めている私が言うのですから間違いありません。まあ、私が眺めているのは殆どがゲームの中継動画ですが、それにしたところで、その殆どがゲームプレイの垂れ流しなのですから、確信的推論としてそうなのであり、短編映画だけが例外である筈もなく、事実その大半どころか95パーセントは「とりあえず撮ってみた」類いの退屈極まりない、それでいて思い入れだけはたっぷりと注がれたシロモノなのですから、余程の暇人か物好きでもない限り、この大量のスクラップを掻き分けて珠玉の名品を掘り当てようなどと考える人間がいるわけもありません。

そして私はその物好きであり、とりあえず暇なのです。『Fallout 4』の世界ではウェイストランド最強のスカベンジャーでもありますし。

というわけで、今回は以前にご紹介した『**SIREN**』『**ピカピカの靴**』につづく第三弾。自分で掘り当てるほど暇人ではないが、面白い短編映画には興味がある、という貴方のための掘り出し物企画です。

舞台は２０２０年のテキサス。「かつて私たちは人間だった（We were once mankind)」というナレーションから映画は始まります。音声は全て英語なのに字幕が入るのは、難聴者向けの配慮なのでしょう。YouTubeにアップされた短編映画の大半が英語で理解不能なことを考慮すると、同じ英語でも文字で表記される形式は、英語がア・リトルな私にとっては有り難いことです。

どうやら地球はトカゲ型宇宙人に侵略され、あらかた制圧されている、という設定のようです。映画に描かれた侵略者（宇宙人）の大半がトカゲ型であるという事実は、これはこれで一考に値するテーマではあるのですが、おそらくヒューマノイド型にすると、どうしてもドラマに傾きがちですし、「人現の姿形をしていながら人間でない生き物」を描くことは、演出的にハードルが高いからなのでしょう。もちろん低予算の場合は役者にオマケのメイクを追加することで勘弁して貰う、というのが常套手段ですが、CG全盛の昨今、それなりに予算がある場合は、ほぼCGでトカゲ型になるようです。私の好きな『**第9地区**』は珍しやエビ人間でしたが。

とりあえず先を急ぎましょう。人間は奴隷のような、というより家畜扱いを受けています。どうやらトカゲ宇宙人はアクマらしく、彼らが地球上に造成した建築も悪魔的で、このアートワークが素晴らしい。映画において、ここまで彼らの容姿と違和感のない悪魔的様式の巨大建築物を描いた映画というのは、あまり観た覚えがありません。

どうやら只者でない気配が漂います。近所の空き地や廃工場で撮影した自主映画とは根本から違うようです。座り直して鑑賞を続行します。

アクマのトカゲ人間は人間の思考を操り、機械的改良をも加えつつ、人間を家畜化していますが、もちろん人間世界が完璧に制圧されたわけでもなく(それだと映画になりませんから)、抵抗勢力が存在します。

アメリカ人の大好きなレジスタンスです。彼らはその建国の由来からして、民兵やゲリラやパルチザンを好み、独立戦争の再現という物語は枚挙に暇がなく、ひとつのジャンルとして成立しているくらいですから、余程この設定が好きなのでしょう。

侵略の過程は大幅に端折り、開始から2分半ほどで武装勢力が登場します。狭苦しい地下空間にボロを纏った人間たちが犇めき、ゴキブリの混じった缶詰が配給され、全員が疲労の極にありながら、老いも若きも戦闘の準備に余念がありません。子供たちまでマガジンの弾詰めに動員されていますが、こんな危険なことを任せちゃいけません。下手なローディングは戦闘中であれば致命的な弾詰まりを招きます。それに自動小銃のマガジンのフルロード30発という行為は、意外に握力を必要としますから、そもそもが子供には不可能です。リアリズムは理解できますが、生半可な知識で細部を描くのは監督にとって自爆行為です。

自爆行為といえば、彼らのメンバーには自爆要員も存在します。ゲリラ民兵大好きのアメリカ人が、昨今では非正規軍であるISの自爆テロに悩まされていることを思えば、なんとも皮肉な描写です。銃器には弱いようですが、この監督さん、やはり只者ではありません。

そして、この武装勢力のリーダーと思しきオバさんが登場するのですが、どこから眺めてもシガニー・ウィーバーさんにそっくりです。なにしろ俳優や女優の顔と名前が一致しないことでは定評のある私のことですから確信はないし、それに無料配信されている短編映画にシガニー・ウィーバーさんが出演しているとも思えません。強力な女優さんではありますが、そこまで物好きな女優さんだという話は聞いたこともありません。しかしながら、登場するキャストの存在感といい、演技力といい、そして何よりも撮影が素晴らしく、明らかに自主映画のレベルを超えていますし、よくあるCGスタジオの自主的トレーラーの「とりあえず作ってみました」感が感じられず、映画としての風格が感じられます。

謎は深まるばかりですが、武装勢力の一団が出撃します。彼らの手にする自動小銃は、確認できただけでもお約束のM4、M16から始まってAKはおろかイスラエル陸軍制定のガリルまで登場します。やはり銃器は不得手な監督さんのようです。

シガニー・ウィーバーさん似のオバさんは、奇妙というより不格好なヘッドギアを装着していますが、おそらくトカゲ宇宙人の心理攻撃に対する防御措置なのでしょう。

それにしても似ています。彼らは装甲車や武装トラックを飛ばしに飛ばし、遂にトカゲ宇宙人を追い詰めます。

「Cut its fucking head off(そいつのクソ頭を切っちまいな)」とオバさんが低く命じます。

繰り返しますが、それにしても似ています。にぢみでる風格も含めて、どう観てもシガニー・ウィーバーさんです。マシェットが振り下ろされ、トカゲ宇宙人の首が切られて映画も終わります。実尺で20分はないでしょう。

何かの映画のトレーラーか、パイロットフィルムなのでしょうか。製作中の映画なら、ここまで無料配信される筈もありません。シガニー・ウィーバーさんの一件もありますし、目を皿のようにしてエンディングテロップをガン見しました。

あのリーダーのオバさんは、やはりシガニー・ウィーバーさん本人でした。そして監督さんはと言えば、何とあの**『第9地区』**のニール・ブロムカンプさんです。

ようやく謎が氷塊しました。

以前、質問コーナーにも登場したことのある、これがブロムカンプさんが無料配信した新作だったのでした。探して観てみようと思いつつ、すっかり忘れていましたが、どうやら偶然に遭遇したようです。

やはり観るべきものには必ず遭遇するものなのです。いい加減な展開ですみません。続きが観たかったらお金出して買ってね、というこの映画作りの新方式は確かに合理的ですし、面白い試みだと思います。

しかし、と私は煙草を一服してから考えます。これはやはり当代の売れっ子監督の一人であるブロムカンプさんにして初めて可能な試みなのでしょう。おそらく、先だっての**『エリジウム』**の苦い経験で、大手スタジオの認証を受ける迂遠さにうんざりしたのでしょう。ネットを使って観客にダイレクトにアクセスする手段に打って出たのでしょうが、残念ながら映画産業が低迷を極める日本では、20分とはいえ、これだけの内実のある作品を制作する予算は夢のまた夢ですし、そんな企画にお金を出すスポンサーも存在しません。もちろん私は自己資金で映画を作る意思はありませんし、そもそも我が社の金庫は現在スカスカの状態です。**『アンダルシアの犬』**の昔から、実験はお金持ちの専売特許ですし、ここは一番、ブロムカンプさんに踏ん張って貰うしかありません。

今後の展開に注目したいと思います。なんだか情けない結論だけど、しかたおまへんじゃまた。

ちなみに**『RAKKA』**というタイトルは「落下」のことなのでしょうか。どなたか御存知の方がいたらお知らせください。

●その20『RAKKA』（ラッカ）

（17年／米）
監督／ニール・ブロムカンプ
出演／シガニー・ウィーバー、ユージン・クンバニーワ、ロバート・ホブス

『第9地区』（09）でアカデミー作品賞にノミネートされ脚光を浴びた南ア出身のニール・ブロムカンプ。その後『エリジウム』（13）や『チャッピー』（15）等、オリジナルのSFを作るが『第9地区』は超えられなかった。そんなときに訪れた大きなチャンスが『エイリアン』シリーズ最新作。シガニー・ウィーバーを主演に迎え、コンセプチュアルデザインをネットで発表したりと順風満帆だったはずなのに突然、プロジェクトの終了がアナウンスされたのだ。この作品は、そのあとに彼が作った22分ほどの短編。『エイリアン』つながりでウィーバーのほうから手を挙げたそうだ。ブロムカンプは本作を作るために自らのスタジオを設立。その後も何本もの短編（ほぼSF＆ホラー系）を発信し続けていて、制作費はそれらの作品の3Dモデルや脚本、編集用のアセット等を売ったお金によって賄っているようだ。ときには本人自らファンに「この長編を観てみたいかい?」と問いかけたりしつつである。考えてみれば『第9地区』も最初は短編でネットにアップし、それに目を付けたピーター・ジャクソンが彼に声をかけ、長編にする機会を提供してくれたのだった。『RAKKA』の意味は、日本語の『落下』を意識してのことだという。

その21

CARGO
／ベビーカー

またまたYouTubeの短編映画です。何だか「ようつべを観たらやっていた」みたいになって来ましたが、これも時勢というやつでしょうか。

今回はなんとゾンビ映画です。がしかし、その辺に転がっているようないい加減な悪ふざけ映画ではなく、真面目なゾンビです。と言っても、どこぞの小説のようにサバイバリストが哲学を語るような小難しい映画ではありません。なんなら感動掌編（7分ちょっとです）と呼んでもいいかもしれません。

主人公が目覚めるところから始まります。短編映画の常套手段ですが、誰が主人公なのか、どんな世界なのかを主人公の目線で端的に諒解出来る便利な手法です。

自動車の運転席のようですが、隣りの助手席に座っている女性にようやくフォーカスが合うと、いきなり白目をむいたゾンビです。まるで目覚めるのを待っていたかのように襲いかかります。襲いかかりますが、交通法規に忠実な方だったらしく、シートベルトをしているので思うに任せられません。まあ、ゾンビですから何も思わないのでしょうが、主人公もシートベルトがなかなか外せなくて、必死のジタバタの末に車外へ転がり出ます。カメラもようやくロングショットとなり、田舎道の路肩でクラッシュしている状況が判ります。それなりにゾンビ映画の教養があるなら、ゾンビハザードの都市部から逃げ出してきたものの、事故を起こしてそのまま夜を明かしたのだろうと想像出来る展開です。してみると、主人公の年齢からして（オヤジです）助手席のゾンビは奥さんなのでしょう。後部座席を覗き込み、反射的にドアを開けようとする男の動きから、子供か犬を載せているのだろうと判ります。カットが変わると悄然たる男が抱いているのは犬でもバセットでもなくて（残念）泣き続ける赤ちゃんです。タイトルからして当然と言えば当然ですが、鮮やかな時間経過の描写です。主人公の心理状態も、すでに恐怖から困惑へと切り替わっています。演出も的確ですが、俳優さんの無言の演技もなかなか大したものです。車の窓に貼られた「Baby in Car」風の、家族のシルエットのシールからママの部分を剝がし、赤ん坊に見せて呟きます。

「ママにバイバイして」

この作品の唯一の台詞です。男は腕の咬み傷に気づいて愕然となりますが、ここでヤケを起こしたり泣き喚いたりしないで、直ちに行動を起こすのは短編映画だからというより、常に映画の中で家族を神聖視し、「闘う家長」を描いてきたアメリカ映画の伝統なのかもしれません。赤ん坊をあやしながらマップをチェックし、腕にサインペンで「18キロ」「3時間」と書き込みます。ゾンビ化するまでにアンチ（安全地帯Ⓒ『PUBG』）に駆け込んで、なんとか赤ん坊だけでも助けたい、ということなのでしょう。これだけの情報量を僅か数カットで、しかも無言で処理する演出が素晴らしい。画面の端には地面に転がっている奥さんの姿も入っています。おそらく殺しちゃったのでしょう。「バイバイ」の台詞がここでも生きてきます。

ここまで2分ちょっとです。以下、主人公の必死の道行きが描かれます。赤ん坊を背負い、最短距離を行くために山に踏み込みます。『PUBG』じゃありませんから、バギーやバイクで暴走もなりません。

山の中で発見した死体から、いきなり内臓を掴み出すのはゾンビ化の兆候かと思ったら、なんと杖に使っていた太い枝の先に結んで肩から突き出します。ゾンビ化しても赤ん坊に喰らいつかず、目の前の内臓に意識を集中するための仕掛けです。マンガかアニメに出て来るような「鼻先にニンジンを吊るした驢馬」の構図です。一歩間違えば爆笑ものですが、本人は真面目も真面目、大マジですから腕まで固縛します。健気（けなげ）としか言い様のない姿で山道を進みます。よほど根性が曲がっているか不謹慎な人間でない限り、自動的に涙腺が緩む仕掛けになっています。

ようやく辿り着いたアンチ（安全地帯Ⓒ『PUBG』）ですが、無邪気な表情の赤ん坊とは裏腹に、振り向いた父親の目はすでに白濁しています。

銃声一発、主人公が倒れます。彼方の家屋の上に、狙撃銃を下ろす男の姿が映ります。アンチに飛び込んだ時こそスナイパーを警戒せよ、とは『PUBG』の戦訓ですが、がっくりと膝をつく主人公の姿には、無念というよりもむしろ、スナイパーの射程にまで辿り着けたという、深い満足感が感じられます。

スコップを手にしたサバイバリストの三人組がやってきます。無言で男を見下ろして首を振り、去りかけたその時に、最後尾の女性が赤ん坊の泣き声に気づきます。

必死の強行軍の中で、赤ん坊のために膨らました風船が揺れています。その風船に「MY NAME IS ROSIE」の文字が。音楽が盛り上がり、根性が曲がっていなくて不謹慎でない人間は胸が熱くなって涙が滂沱と流れるでしょう。

まあ、私は常に演出しか観ていないので泣きませんが。ラストカットは、サバイバリストのおばさんが赤ん坊を抱いて芝生に座っているという安心立命の構図です。その奥では先刻のスコップ男たちが墓を掘っていますが、これはやり過ぎかもしれません。

ちなみに、エンドロールにはこの短編映画を字幕つきでアップした「もっさん」の名前がスーパーインポーズされますが、いくらなんでもこういう動画を上げるときはハンドル名に留意しましょう。『**CARGO**』というタイトルに『**ベビーカー**』という副題を添えたのも戴けません。

根性が曲がっていなくて不謹慎でない人間には、一見の価値あり。短編映画の鑑のような作品です。でもハリウッドで長編にリメイクされたらイヤだなあ。

それなりに評判になっているようなので、もしかしたら情報に疎い私が知らなかっただけかもしれませんが、「ゾンビ」「CARGO」で検索すればすぐに出て来ると思います。

んじゃまた。

●その21『CARGO／ベビーカー』

（『Cargo』／13年／豪）
監督／ベン・ハウリング、ヨランダ・ラムケ
出演／アンディ・ロドレーダ、アリソン・ギャラガー

短編にふさわしくオチが印象的なこの優しいゾンビものは、いくつかの短編映画祭で大きな好評を得て4年後には同じ監督コンビで長編としてリメイクされた。タイトルはそのまま『CARGO』。製作国であるオーストラリアでは劇場公開されたが、その他の国では Netflix が配信。オリジナルの感動ポイントを残しつつ、オーストラリアの先住民アボリジニを登場させることで、人種問題&アニミズム的な要素を加えてドラマ部分を充実させている。ちなみに“カーゴ”を担ぐ父親を『ホビットの冒険』シリーズ（12〜14）のマーティン・フリーマンが演じている。

その22

マッドボンバー

『**マッド★★**』というタイトルからは、直ちにB級の匂いが漂ってきます。まあ、考えてみれば『**マッドマックス**』だって当初はB級扱いでしたし、そういえば以前に紹介した『**マッド・ナース**』もB級の鑑みたいなオッパイ映画でしたね。

「マッドなんちゃら」はB級の商標だ、という法則が成り立ちそうですが、実は本作も堂々たるB級です。但し、キャストはなかなかどうして豪華な顔触れです。主役級の三人だけ、三役だけですけど。

いきなり登場したのが爆弾魔のチャック・コナーズさんです。

「何処からやって来たのやら」の『**ライフルマン**』です。

「四角い顔に優しい目」のチャック・コナーズさんです。

私が小学生の頃の、西部劇のTVシリーズですから、お若い読者が知らなくても無理はありません。「笑えば誰でも懐くけど〜、悪人どもには〜鬼より怖ぁい」という「正義の味方」です（当時はヒーローという言葉はありませんでした）。いまでも小坂一也さんの主題歌をフルで唄えます。一番だけですけど（三番まであります）。ウィンチェスターのレバーアクションライフルを、ガチャガチャいわせながら見事にスピンさせる特技で一世を風靡したオジさんです。子供心に吃驚しました。巨人俳優だからこそ可能なライフル・スピンです。

その190センチ超えのチャック・コナーズさんが、冒頭からゴミを路上にポイ捨てした親父を捕まえて吊るし上げています。なにしろ190センチ超えの大男で、しかも銀縁の丸い眼鏡をかけてスーツのボタンを一番上までぴっちり嵌めた役作りですから、どんな親父でもビビります。

次に登場したのが女子高生の二人組で、なにやら夢中で喋りながら歩いています。おそらく世の父親が聞いたら泣きたくなるような内容なのでしょう、チャックさんが顔を顰めています。ちなみに、例のごとくYouTubeで観ているので吹替えも字幕もなく、台詞は半分以下しか判りません。

そのまま女子高生の後について高校の校舎に入り、出て来ると手にしていた紙袋がありません。直後に大爆発が起こって、血みどろの高校生たちが転がっています。

ここまで開始から5分くらいです。5分でチャック・コナーズさん演じる、無差別連続爆弾魔の性格設定が殆ど理解出来る快調な滑り出しです。間髪を置かずに、今度は病院が爆破されます。そして爆破現場に現われた刑事が、なんと『**ベン・ケーシー**』のヴィンセント・エドワーズさんです。

これには意表を衝かれて吃驚しました。実は、この映画はかなり以前にTV放映で観ていたのですが、まさか『**ベン・ケーシー**』のヴィンセント・エドワーズさんが出演していたとは、いまのいままですっかり失念していました。

というわけで、本作は『**ライフルマン**』のチャック・コナーズさんと『**ベン・ケーシー**』のヴインセント・エドワーズさんが、つまり西部劇のヒーローとメディカルヒーローが直接対決する面妖な映画です。

そういえば『**ベン・ケーシー**』にも日本語の主題歌があったのですが、こちらはシリーズがヒットした後でTV局が勝手に作った歌だったので、子供心にも「ふざけんな」と思った記憶があり、覚えていません。歌詞の最後の方で女性コーラスが「ベンケーシ」「ベンケーシ」を連発する、トンデモ主題歌だったと思います。

閑話休題（あだしごとはおきつ）。

実は、この病院爆破事件の直前には、院内で聾唖者の女性患者に対するレイプ事件が発生しており、ベン・ケーシー刑事はこの二つの事件は別の犯人による犯行であろうとガンをつけます。爆破前にレイプするというのは、異常者のリビドーの原理に反しますから、当たり前といえば当たり前の推理です。で、この強姦魔はもしかして爆弾魔を目撃してるんでないか、と考えたベン・ケーシー刑事は、動機不明の爆弾魔を追いかけるより、この強姦魔を逮捕して吐かせたほうが早いんじゃね、と考えます。筋が通っているようですが、よくよく考えてみれば、強姦魔が爆弾魔を目撃しているという確証があるでなし、実は無茶な展開なのですが、そちらの方が映画的には面白そうだと制作者は考えたのでしょう。

連続爆弾魔の次は連続強姦魔です。B級だからこれでいいのです。以下、ライフルマンがスーパーのレジやファミレスのウェイトレスに小言を並べている間に、ベン・ケーシーは連続強姦魔を追います。具体的に何をどうするのかと思ったら、それらしく扮装した婦人警官（※自粛用語）をエサにした囮捜査です。こんなシンプルな捜査でいいのかしら、と思って観ていたら、これが嘘のような入れ食い状態で、1分に1人のテンポで続々と罠にかかります。酷い街です。逮捕されたのはいずれ劣らぬギャラの安そうな親父ばかりで、ベン・ケーシーを落胆させますが、遂に本命と思しき犯人が網にかかります。見るからにギャラの高そうな親父です。この俳優さんはあれやこれやの映画で見掛けた方で、名前は忘れましたが悪役一筋の凄い顔をした俳優さんです。

遂に三役揃い踏みです。いずれ劣らぬ濃い親父たちですから、『**アウトレイジ**』どころの騒ぎじゃありません。

しかも、こちらは暴力だけでなくエロも満載です。強姦魔の自宅は、意外なことにプールつきの結構な邸宅で、しかも強姦魔の部屋にベン・ケーシー刑事が入ると、室内はトンボメガネ（当時の流行です）をかけた奥さんのヌード写真がベタ張り。懐かしのスーパー8の映写機を回せば、全裸の奥さんが体をくねらせて踊っています。どうやら奥さん大好き親父のようなのですが、それって連続強姦魔としてのリビドーと併存するものなのでしょうか。どうも性格設定に納得がいかないのですが、そこは濃い俳優の迫力で押し切れると判断したのでしょう。確かに、この部屋で奥さんの独演映画を鑑賞しながらハアハアしている強姦魔がライフルマンに爆殺されるシーンは、本作の白眉と呼ぶに相応しい迫力で、あまりの迫力に他の全てが、ベン・ケーシーまでが文字通り吹き飛んだらしく、遥か以前にTVで観た時の記憶はこのシーンだけなのでした。

いやあ、一面識もない監督さんですが、ドラマの整合性も登場人物の性格設定も無視して、自らのリビドーのみを全開にする、その演出方針には爽快感すら覚えます。

以下の展開は、もはやどうでもいいようなものなので、大幅に端折ります。実は爆弾魔には溺愛していた娘がいたのですが、彼女はヤク中の果てに薬物過剰摂取で死亡。奥さんとも離婚したライフルマンは運命に復讐するためにせっせと爆弾を製造し、娘の通っていた高校を爆破し、娘を救えなかった病院を吹き飛ばしたのだ、という意外につまらない、辻褄合わせの事実が判明します。

偏執的な性格はその故なのか、それともそういう性格だから娘がヤクに逃避したのか不明ですが、おそらくその両方なのでしょう。

ベン・ケーシー刑事の杜撰な捜査に追い詰められたライフルマンは自暴自棄となり、ライトバンに爆弾を満載して（荷物にDYNAMITEと大書してあります）街中を走り回った挙げ句に、壮絶な自爆を遂げます。

お世辞にも傑作とは申せませんが、怪作であることは確かです。妙に気になったので、私にしては珍しくネットで検索してみたのですが、この監督さんはなかなかの人物で、巨大生物が登場するB級映画を量産し、巨大映画の巨匠らしく「ミスター・ビッグ」と呼ばれていたのだそうです。私も何本か観たことがあります。

本作は三役のキャスティングで予算が払底し、撮影監督を呼ぶことが出来なかったので「自分でカメラを回した」そうですから、根性が据わっています。他にも奥さんが特撮を担当しただの、もれなく娘が出演しているだのといったエピソードがてんこ盛りのアッパレな監督なので、興味があったら調べてみてください。

驚くべきことにDVDが出ていますが、何故かエロシーンが大幅に割愛され、もちろんトンボメガネのエロいオバはんの独演映画も切られているようなので、お薦めしません。YouTubeでUncut版を探してください。

んじゃまた。

●その22『マッドボンバー』

(『The Mad Bomber』『The Police Connection』/72年/米)
監督/バート・I・ゴードン
出演/チャック・コナーズ、ヴィンセント・エドワーズ、ネヴィル・ブランド

人間(『戦慄!プルトニウム人間』(57))はもちろん、昆虫(『吸血原子蜘蛛』(58))、野菜(『終末の始まり』(57))まで、あらゆるものを巨大化してくれた監督ゴードンのフィルモグラフィでは異彩を放つB級アクション。押井さん曰くの「悪役一筋の凄い顔をした俳優さん」はネヴィル・ブランド。TVドラマ『アンタッチャブル』(59〜63)ではアル・カポネを演じ悪役のイメージを確立させた。ということはつまり"ライフルマン"に"ベン・ケイシー"に"アル・カポネ"と往年のTVドラマの"顔"が集った映画でもある。2018年に発売されたBDにはノーカットの劇場公開版と、05年に発売されたDVDのカット版も収録されている。

第3章

2017.11〜2018.5

その23

ファントム／開戦前夜

以前にも書いたことがあるのですが、私は「潜水艦映画」が大好きで、どのくらい好きかというと「戦車映画」の少し上、「ヘリコプター映画」の僅かに下くらいですから、潜水艦を舞台にした映画は殆ど観ていると思います。そんな私だからこそ敢えて言うのですが、実はこのジャンルには傑作と呼べる作品は（『U・ボート』を例外として）殆ど存在しないのが実情です。その理由はいくつか考えられるのですが、まずは潜水艦という兵器の特殊性が上げられるでしょう。他の軍艦と違って隠密行動を旨とする艦種ですから、とにかく舞台が「狭い」「暗い」そして「女がいない」という致命的な制約下にあり、特に「女優が存在しない」という点は劇映画としては殆ど致命的制約と呼んでも差し支えないでしょう。なにしろ、あの女性兵士に最も開明的だとされる米海軍といえども「女性士官が乗艦出来ない最後の艦種」と呼ばれているくらいですし、作戦行動中の潜水艦乗組員は入浴どころかシャワーすら論外であり、トイレだって個室が二箇所くらいしかないのですから、必然的に「臭くてヒゲまみれの濃い親父たち」が登場人物の全てであり、その「濃い親父たち」が酸欠と水圧の恐怖に怯えながら繰り広げる「忍耐のドラマ」が基本なのですから、およそ女性が観たい映画であろう筈もありません。

「狭い」「暗い」「女優不在」という三大欠陥に関しては、さすがに制作者も自覚的で、「狭い」「暗い」は如何ともし難いとして、せめて女優だけでも何とかしようと、あの手この手で突破を試みていますが、未だに正解と呼べるものはないようです。「救助した民間船の女性科学者」とか「存在そのものが特殊兵器の少女」の類いでは、脇役として色を添える以上のものには成り得ませんし、本格的な色恋沙汰に及ぼうものなら、なにしろ密室同然の船内ですから、欲望ドロドロの世界に突入するしかありません。

そういうわけで、「潜水艦映画」は必然的に「男性映画」の最後の牙城となっているわけですが、今回の**『ファントム／開戦前夜』**も女性不在の、渋い親父が大量出演の世界となっております。

いきなり登場するのが、エド・ハリスさん演じる老艦長です。このエド・ハリスさんという役者さんは、およそ軍人ならロシアの潜水艦艦長だろうと、ナチスの狙撃学校の校長だろうと（自衛隊を除けば）世界中のどの国の軍人でも演じられる、典型的な軍人俳優であり、したがって私の大好きな役者さんでもあります。そして、このハリス艦長を呼び出した艦隊司令が、なんと**『エイリアン2』**の「ビショップ」、または**『GARM WARS』**の「ウィド538」のランス・ヘンリクセンさんです（自己宣伝あり）。のっけから渋い親父（爺さん）のツーショットですし、会話の内容からして冷戦時代のソビエト海軍のお話ですから、「開戦前夜」という副題からしても、映画の行方が知れようというものです。退役同然で自分の艦を持たないハリス艦長に、ランス司令は特殊任務を命じますが、与えられた潜水艦は「中国海軍で第二の人生を送る予定」の旧式のディーゼル推進艦です。艦長として任務には就きたいし、なにしろ命令ですから一も二もありません。

しかも、この任務は相当に剣呑な匂いが漂っています。「休暇中の乗員すべてを呼び戻せないから」という理由で補充された乗組員の個人履歴は何故か記載がなく、出航寸前に乗り込んで来た二名は明らかにKGBと知れます。その一人は技術者らしく、前甲板に怪しい機材を据え付けます。どうも秘密兵器らしいのですが、その用途が例によって明かされません。しかもハリス艦長は、かつて演習中に事故を起こし、艦と乗員を救うために艦首魚雷発射管室の閉鎖を命じて要員を溺死させたトラウマを抱え、本人も頭部損傷の後遺症を抱えて、突発的に発作を起こしたりします。のっけから不穏な気配が濃厚で、この辺りの展開はテンポもよく、なかなか快調な滑り出しです。

艦内では、こちらも出航前のお約束で、艦長、副長、政治委員が核ミサイル発射キーを分担して首からブラ下げています。通常動力型の潜水艦でSLBM搭載ですから、この映画の実質的な主役は旧ソビエト海軍の「ゴルフ級」ということになりますが、それにしては後半で演じられる潜水艦戦で「7番8番装填」などという台詞があり、「ゴルフ級」の魚雷発射管は確か6門だったと記憶しているのですが、果たしてこの潜水艦の正体は何なのでしょうか。以前に観た韓国製の潜水艦映画『**ユリョン**』に登場するロシア海軍払い下げの潜水艦も正体不明でしたが、エド艦長やランス司令が登場する本格派なのですから、まさか軍事考証不在などということはないと信じたいものです。何を瑣末な、と思われるかもしれませんが、マイナーなジャンルの軍事映画だからこそ、ディテールが気になるのが軍オタという人種の性（さが）なのです。

余計なことを書いたので紙数が圧迫されたようですし、ストーリーを解説することが主旨でもないので、以下大幅に端折ります。

タイトルにもなっている「ファントム」と呼ばれる秘密兵器は、実は民間船籍の艦船の音紋（航走音の特性）を偽装する音響兵器で、これを使用することで米海軍の追跡を逃れようというトンデモ兵器です。これも冷静に考えれば、**『ローレライ』**の超能力兵器と大同小異のトンデモさなのですが、潜水艦の指紋ともいうべき「音紋」に目をつけたところを評価して座布団二枚くらいのリアリティは評価してもいいでしょう。しかしながらこの音響兵器は「米海軍の耳を騙すことが出来るのなら、当然のことながら自軍の聴音機をも欺ける」シロモノであり、「これをテロリストが使用すれば独自に核戦争を開始出来る」可能性をハリス艦長は示唆します。案の定というかやっぱりというか、乗り込んだKGBの二人組はもちろん、補充された乗員も全てKGBの急進派であり、艦内でのAKの銃撃戦（！）も空しく、潜水艦は乗っ取られ、中国海軍を偽装した潜水艦からSLBMが発射されます。暗くて判別が困難でしたが、水中発射したようなので浮上発射しかできなかった「ゴルフ級」の前期型ではなくて、水中発射可能な改良型SLBM（どちらにせよ「スカッド」の改良型）を搭載した後期型なのでしょう。

果たしてKGB急進派の思惑通り、米中開戦の末に漁夫の利を得たソ連の天下となったかどうかはともかく、映画のラストは意外な展開で、これは正直言って、私も見事に一本とられました。

ちなみに、KGB急進派のリーダーを演じているのは、名前は忘れましたが、『**X-ファイル**』でオタFBIを演じていた役者さんです。

潜水艦映画大好きの軍オタならずとも、渋い親父が大好きな方はアマゾンか配信でポチっとしてください。

女優不在ではありますが、潜水艦映画のお約束でもある、出航前の乱痴気パーティーでは、お姐さんの胸の谷間に挟んだグラスにウォッカを注ぎ、手を使わずにこれを飲み干すという荒技もあります。まあ、大したことはありませんが。

んじゃ、また。

●その23『ファントム／開戦前夜』

（『Phantom』／13年／米）
監督／トッド・ロビンソン
出演／エド・ハリス、デビッド・ドゥカブニー、ウィリアム・フィクトナー

タイトルの『ファントム』とは、潜水艦に積み込まれる極秘装置のこと。それを操作するために乗り込むのが「『X－ファイル』でオタFBIを演じていた役者さん」ことデビッド・ドゥカブニーだ。監督のロビンソンは、「サー」ことリドリー・スコットの『白い嵐』（96）の脚本家。監督作としては実在の犯罪者を描いた『ロンリー・ハート』（06）等がある。

その 24

ELEGY
(エレジー)

またたまYouTubeの短編映画です。

私は平均して1日に10本程度のペースで観ているのですが、それなり、というレベルの作品に命中する確率は、顕著に低下の傾向にあります。10 short films/dayというと大変そうですが、冒頭の2分を観て駄目そうならすぐに中止するので、言うほどのことはありません。まあ経験的に言って、2分観てダメなら最後までダメというのはほぼテッパンの真実であり、映画に大逆転はありませんから、それでいいのです。導入の演出が不出来なようでは、そもそも短編をものにする資質はありません。

というわけで『ELEGY』です。冒頭で「IN THE DISTANCE FUTURE」から始まり「人類は環境を破壊し、生存する人間たちはサバイバルのために戦いを演じているのでした」式のテロップが流れます。

よくある形式で、私も頻繁に使用したパターンです。続いてカメラは壁に留められた古びた新聞の切り抜きを舐めます。「USA TODAY」やら「The New York Times」やらの誌面に、「OVER TWO BILLION DEAD」などの見出しが見えます。美術担当さんがPCで合成して出力したものでしょう。いい時代になったものです。

自主映画を制作するとき、既存のメディアや商品を加工して使用することで「安全・安価・有利」に世界観のリアリティを確保するのが賢い方法というものですが、「朝日」や「日経」だと怒られる可能性が大ですから気をつけましょう。

男の手が手製のカレンダーをチェックし、今日が特別な日であることを示唆します。「25 YEARS」と書かれていますから25年前に何かが起きたのでしょう。傍らにプリントアウトされた写真の切れ端が置かれていますが、フォーカスや光の加減で女性の顔らしい、という以上の情報は伝わりません。もちろん意図的な演出でしょう。男の手が愛しそうに写真を撫でて、女性と男の関係を示唆します。『**ELEGY（哀歌）**』というタイトルと併せて推測するなら、おおよその察しがつく段取りです。

初見でそこまで判る訳ねえだろ、と仰るのは貴方の修行が足りない証拠です。映画を「観る」という行為は、映像や音声にタグをつけながら時間経過を追う作業に他なりません。どういう方か知りませんが、監督は冒頭の2カットで本作の仕掛けを的確に提示しているのですから、経験知を以てそれに応えましょう。説明過剰か説明不足の愚作を避けるためには必要な鑑賞法であり、私が「冒頭の2分で判断出来る」と断定する根拠でもあります。

男がガスマスクをつけて外出の支度を始めます。逆光で撮影していますから、男の顔は最後で見せるか、最後まで見せないかの二択になります。顔の骨格と無精髭、太めの体型等から中年男であることは判別できます。ガスマスクはPost Apocalypse短編映画のお約束ですが、どうやら、この監督さんはその定型を逆手にとって仕掛けているようです。この時点で期待は膨らみます。

強い陽射しの屋外に出ると、なかなか結構なロケーションの廃工場ですが、問題は本篇開始後の第1エピソードまでの時間と、その内実です。ここから2分も3分も廃墟をうろつくようでは話になりません。

タイトル開けて、すぐに主人公は瀕死の重傷を負った男に遭遇します。なかなか好調です。男の傷を眺めて、こりゃダメだと結論し、ポケットを探り出します。サバイバルモードを生きるスカベンジャーとしては正しい行動です。死体および死体予備軍の所持品は、経緯の如何に関わりなく発見者のものであり、私はもれなくパンイチにしてから不要品を死体に返還することにしています。哀悼や憐憫のためでなく、フィールドにアイテムをバラ捲く行為は長期的に処理速度の低下を招いて、ラグる原因となるからです。

男は苦しげに「…water!」と呟き、主人公は水筒から末期の水を与えようとしますが、すでに死んでいます。性格設定の第一歩です。

つづいて行く手に現われたのは、略奪者と思しき男女二人組です。男はフルフェイスの迷彩頭巾、女は抱え込んだ生首の唇に丁寧に血を塗っています。明らかに変態暴力人間ですが、主人公は促されるままに水筒を渡します。無駄な争いは避ける主義なのでしょうが、大事そうに胸に下げた円筒状の金属コンテナを要求されると首を振って拒否します。冒頭の支度のシーンでも大事そうに扱っていたコンテナで、どうやら物語のメインアイテムのようです。自動的にアクションシークエンスに移行しますが、Post Apocalypse短編映画には珍しく銃器ゼロの、身も蓋もない即物的バイオレンス描写で、男女ともにバットで脳天を粉砕されます。主人公はアギリティ（敏捷さ）はありませんが、体力のスキルアップを優先するタイプのようです。悲鳴と喚き声以外に台詞は一切ありません。

監督さん、台詞には頼らないつもりのようです。自主制作の短編映画としては正しい判断です。本格的な役者の演技力に依存することなく、しかも短編映画に必要な簡潔さと集中力をもたらすからです。自主制作を志す方は見習いましょう。

トンボに齧りついたクモのアップ、などというペキンパーばりのインサートカットを挟みつつ、新たにゲットしたバットを加えて映画は第3エピソードへと進みます。今度は、よくぞ集めた悪党顔の集団です。無駄な交渉段階をあっさり省略し、いきなり即物的暴力の嵐です。主人公の動きには無駄と容赦というものがありませんが、セガールではないので、マチェット使いのボス戦で致命的なダメージを追います。がしかし、ボスの頭部を踏み潰すという超荒技で始末し、新手の追っ手から全速力で逃走します。この間、落とした円筒を命懸けで拾いに戻る、というダメ押しのシークエンスが挿入されます。

よほど大事なコンテナなのでしょう。HPゼロ状態で辿り着いた草原で、地面に埋め込まれた墓碑に跪いた主人公は、最後の気力を振り絞って円筒のキャップを捻ります。背後に迫った追手がバタバタと倒れたところから推して、毒ガスが封入されていたようです。主人公だけがガスマスクを装着していた理由がここで判明します。

男の手が円筒から取り出したのは、一輪の赤いバラの花です。墓碑に刻まれた「OLIVIA ROSE」という文字がアップで示され、死期を悟った男はガスマスクを外して死にます。若き日のドナルド・サザーランド似の端正な顔です。弦の美しい旋律とともに映画は終わります。全部で15分くらいでしょうか。

大傑作とは申せませんが、抑制の効いたスタイルと即物的な暴力の対比で構成された、なかなか見事な好編です。

Post Apocalypse短編映画のお手本のような作りで、これならオレにも出来るんじゃねえか、と思わせるところが成功の所以でしょう。自主制作の方々にお勧めします。

私が永久名誉審査委員長を務める暴力系映画コンテストに出品されていたらグランプリを差し上げたでしょう。ちなみに、欄外に——

Feel free to donate to help us make more films!

という制作者のメッセージが添えられていて、どうやら資金援助を求めているようです。私はポッチリしませんでしたが、代わりに本稿で紹介しました。ケチったわけではありません。為念。

んじゃまた。

●その24『ELEGY』（エレジー）

（14年／米）
監督／ルイス・ファリネッラ
出演／エリン・スポッフォード、ルイス・コスタ Jr.、ケイディ・グリーン

監督のファリネッラは10年くらいから短編を発表し続けているが、長編には行きついていない。本作の脚本を担当したのは、主人公（だと思う）を演じたスポッフォード。

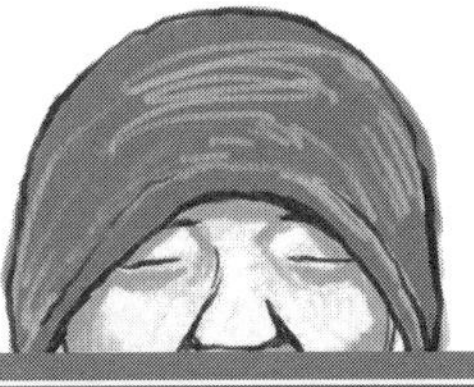

その25

ガリレオXX内海薫
最後の事件　愚弄ぶ

私がＴＶドラマを観なくなって十年以上は経ちます。

なぜ観なくなったのか思い出せません。観れば観たで、それなりに楽しめるでしょうが、観なくなったとしても何も変わらない気がしたからなのでしょう。ドラマを観なくなったせいで、いまどきの役者さんの顔と名前が判らなくなりましたが、特に困った記憶もありません。役者さんというのは、結局つき合ってみなければ判らないものですし、それなら最初の印象で決めた方が、過去の仕事を観て余計な先入観を持つこともありません。なにより、ドラマというものには無限のバリエーションが期待出来るものでもなく、脚本の出来や役者さんの演技よりも、それが配信されるメディアのフォーマットが決めるものですし、映画を仕事にしているからこそ、自分にとっては習熟するよりも発見したり発明したりする方に興味があります。何より、その方が楽しいことは間違いありませんから。

そんな訳で、自宅のＴＶはゲームのモニターに変わっていたのですが、東京の仕事場で無目的にYouTubeを眺めていると、ゲームの中継動画だけでなく、映画のトレーラーやらＴＶ番組の違法アップロードやら、無差別にいろんなものを観ることになります。どこをどう辿って流れ着いたのか覚えていませんが、今回の**『容疑者Ｘの献身』**（編集部注＝正しくは、**『ガリレオＸＸ内海薫最後の事件 愚弄ぶ』**）というドラマは検索したわけでもなんでもなく、文字通り「YouTubeを観たらやっていた」のでした。

いきなり登場した女刑事は、この人はさすがの私も知っている柴咲コウさんです。この女優さんはキビキビした演技をするし、年齢もよく判らないし、可愛げもありそうなので、私も嫌いではありません。主役であるらしい彼女の登場に何の説明もありませんから、おそらくシリーズのスピンオフなのだろうと見当をつけます。冒頭のシークエンスが終わると**『ガリレオXX内海薫最後の事件』**とタイトルが出ます。どちらが正しいタイトルなのか混乱しましたが、鑑賞する上で特に支障があるわけではありませんから、どちらでも構いません。上司から海外へ研修に行かないか、と誘われますが、アラサーの女刑事なんて扱い難いだけだから、厄介払いなのだろうとナレーションで反撥します。おそらくその通りなのでしょう。スタートしてすぐに彼女が偶然に逮捕した犯人は、これも私が知っているレオナルド熊さんじゃなくて、ユースケ・サンタマリアさんです。なぜ知っているかといえば、ＳＭＡＰのツヨポンと深夜番組で共演していたタレントさんだからです。役者さんもやっているという話は聞いたことがありましたが、演じているのを観るのはこれが初めてです。

犯人を護送していった先の県警の署長さんは、これは私が大好きな余貴美子さんで、なんだか中途半端なオカッパ頭ですが、この時点で最後まで観ることに決めました。コウさんと余さんは、男社会で苦労する女性という点で通じるところがあったのか、安そうな飲み屋でのんだくれますが、酔っぱらっている間にユースケさんは供述を翻し、単純そうに見えた事件は一転して複雑な様相を見せ始めます。過去の冤罪事件と、それを揉み消そうとする警察と、その不正を暴こうとして自殺に追い込まれた記者が絡む、なにやら複雑そうなストーリーですが、そのくらい複雑にしないとスピンオフの特番としては長尺が持たないのでしょう。脚本家の手腕が問われるところですが、案の定と言うかやっぱりというか、コウさんの推理というよりは、彼女を手助けする男たちが周囲に次々と出現し、その中にはこれも私が知っている福山ナントカというイケメンの大学教授も入っています。登場の仕方に何の説明もありませんから、この人もシリーズのレギュラーなのでしょうが、ネームバリューの軽重からすると、あるいはこの教授の方が本来の主役なのかもしれません。

ゼミの演習でしょうか、蛍光灯を使った簡単な実験を見せ、なにやら蘊蓄を垂れます。いまどきの大学院でこんなシンプルな演習なんかやってる筈がありませんが、どっちにせよ、この人が大学教授なんかに見える筈がありませんから、これでいいのでしょう。それこそ蛍光灯のように何か閃いたコウさんが、後半は一気呵成に事件にケリをつけます。

暴かれた事件の全貌は、複雑過ぎて、これを書くとなるとそれだけで本コラムの容量を超えてしまいますし、面倒なので書きません。まあ、例によって意外な人物が犯人なのですが、この手のドラマの原則として、ギャラの高い順番から当たりをつければ誰にでも判る仕掛けなので、意外性というほどのものはありませんが、最後の最後に、全てを知りながら事件そのものを利用して漁父の利を得ようとしたユースケさんがコウさんに追い詰められ、逆ギレしてコウさんの首を絞めまくり、一番頼りないと思われていた若い刑事に助けられるというオチがつきます。

コウさん、ひとり洗面所で号泣します。彼女の最大の見せ場なのでしょうが、いかに主役の女刑事と言えど、ヒョロヒョロのユースケさんの腕力にも勝てないのダ、というのが事件とは別の、伏在する主題の結論だとするなら、それでええんかいという突っ込みを入れたくなります。でもまあ、あれこれと無理難題に応えて一篇の物語を尺に収めた仕事は、脚本家の職人芸としては評価できますし、最後まで飽きずに観ることが出来たのですから、文句を言う筋合いじゃありません。

結論として言うなら、それなりに良く出来た脚本を、たいした役者さんたちが演じて見せれば、時間一杯は飽きさせない、ちゃんとしたエンタメになるということなのでしょう。観れば観たで、それなりに楽しめますが、観なかったとしても何も変わらない、という私見には一ミリの変更もありません。

颯爽としたコウさんも観られたし、貫禄の余さんも観たし。繰り返しますが、文句を言う筋合いじゃありません。

んじゃ、また。

●その25『ガリレオ XX 内海薫最後の事件 愚弄ぶ』

（13年 / 日本）
演出 / 西村浩
出演 / 柴咲コウ、ユースケ・サンタマリア、福山雅治

日本エンタメ界で引っ張りだこのベストセラー作家、東野圭吾の『ガリレオ』シリーズ。本作はフジテレビ系ドラマ『ガリレオ』シリーズのスピンオフで「土曜プレミアム」枠でオンエアされた。原作にはないオリジナルストーリーとなり、主人公は柴咲コウ扮する女性刑事の内海薫。「福山ナントカ」はもちろん、福山雅治のこと。

その26

クローズZERO

三池監督は昔から大好きな監督でDVDもかなり購入したのですが、とにかく多作な方なので、その作品の全てを観てはいません。数えたことはありませんが、間違いなく現役最多記録保持者の筈です。私も作品数だけは多いのですが、その半分以上は短編なので、劇場公開作品だけでも私の4倍以上になるのではないでしょうか。

実は仕事を御一緒したこともあります。と言っても、御本人が監督したTVシリーズ『**ケータイ捜査官7**』に各話監督・脚本として参加しただけです。

以下、制作会社に名を連ねていたプロダクションI.Gの社長であるイシカワとの会話。

「お前、実写には絶対に手を出さないって言ってたじゃん！」

「いろいろ事情があってさ、頼むから手伝ってよ」

「何をやってもいいんだったらヤる」

「それは監督に訊いて貰わないと」

「だったら三池さんに会わせろや」

というわけで某中華料理屋での三池監督との一問一答。

「本当に何をやってもいいんですか？」

「何をやってもいいです」

というわけで成立したのがシリーズの番外編『**圏外の女／前後編**』であり、私の最初で最後かもしれないTVドラマなのですが、撮り過ぎて尺を大幅にオーバーし、全長版のディレクターズカットまで作らせて貰ったにも関わらず、シリーズの各話視聴率で最低を記録したのは本メルマガの読者ならば御案内の通り。打ち上げのパーティーでは、他の各話監督や脚本家の方々の冷たい視線に晒されましたが、三池さんは一言も文句を言いませんでしたね。新宿三丁目で向こう側から歩いてきたら、その場で回れ右したくなるような、バイオレンス系のフェロモンが濃密に漂う御面相の監督さんなのですが、実は礼儀正しくて心根の優しい、立派な監督さんです。

その三池監督の『**クローズZERO**』です。いまさらの『**クローズZERO**』ですが、例によってTV放映を途中から観ただけなのに観た回数だけは異様に多く、たぶん5回くらいは観ているのではないでしょうか。しかも続編の『**クローズZEROⅡ**』も何度も観ているので、中身を混同してゴッチャになっているかもしれません。まあ、要するに暴力高校生が「学園制覇」を賭けて盛大に殴り合うだけのお話なので、それでもいいのかもしれませんが、見かける度にまた観てしまう、不思議な雰囲気の映画です。主演の暴力高校生は、役者さんの名前を覚えない私でも知っている小栗旬ですが、頭の両側面を剃り上げて残りの長髪部分を束ねた不思議なヘアスタイルで登場します。ライバルと思しき暴力高校生がドラクエのCMで私も知っている山田ナントカくん。『**TNGパト**』でテロリストを演じた波岡一喜も、ナイフを振り回す卑怯者の役で出演しています。それと『**東京無国籍少女**』で教師役を演じた金子ノブアキさんも、派閥のボス役で登場していたようですが、こちらは2作目だったかもしれません。名前と顔が一致したのは以上四名ですが、絶対に高校生には見えません。残りの顔も名前も知らない登場人物はといえば、これまた何処から眺めても絶対に高校生には見えないのは御同様で、彼らが通う高校はといえば瓦礫と落書きだらけで廃墟も同然。要するに、これは純然たるファンタジーなのだろうと、開始3分で諒解出来る仕掛けになっています。彼らが学園制覇を賭けて抗争を繰り広げる動機も、『**じゃりン子チエ**』に登場する小鉄（ボス猫）が語るように「男という言葉に過剰な意味を求めた」結果であり、それ以上でもそれ以下でもないのでしょう。ファンタジーとして映画を成立させるには正しい判断です。とにかく美しいものは何ひとつ登場しませんが、さすがにこれではマズいと制作者が判断したのでしょう、小栗旬クンが通うディスコの歌姫役で黒木メイサも登場しますが、案の定というかやっぱりというか、対抗勢力に誘拐されて大立ち回りの動機となる以上の機能は果たしていません。まあ、そうでなくとも女優の扱いの酷さでは定評のある三池監督ですから、吊るされて拷問されたりレイプされたりしなかっただけでも儲け物というところでしょう。

とにかくドラマらしいドラマは何もないし、いちおうは仲間だの友情だのといった心情の交錯はあるにはあるのですが、そんなヤワな御題目を三池監督が信じている筈もありません。作る側も観る側も、痛快な殴り合いの快感原則以外に何も期待していないのですから、アクション以外に語ることもありません。例によって例の如く、最後はタイマンのボス戦になるのですが、そこへ至るまでの集団戦闘シーンは三池監督の力技が炸裂する見事な出来映えです。殊にも、激しい雨の中を集団で傘を差して決闘へ向かう場面は、これはもう邦画の伝統なくしては成立しない見事なレイアウトで、このシーンだけでも必見でしょう。泥ンコの校庭での百人単位での殴り合いは、他人事ながら、役者もスタッフも御苦労様としか言い様がありません。

無論のこと、突っ込みどころは満載ですが、そんな事はお構いなし。力技のみで成立した映画であり、昨今の感動だらけのヤワな高校生映画など、まとめてゴミ箱行きの快作です。

TVをつけてやっていたら、また観てしまうでしょう。

ちなみに、本作を劇場で観た私の空手の師匠は「あいつら本当に弱そうだなあ」と仰っておりました。体技という観点からするなら、ムダな予備動作だらけ、隙だらけで、あれなら私でもカウンターが狙えますが、快感原則を追求する映画だからこれで良いのです。

でも、あの殴り方だと確実に指を折ります。その気になって無闇に人を殴るのはやめましょう。

んじゃまた。

●その26『クローズZERO』

（07年／日本）
監督／三池崇史
出演／小栗旬、山田孝之、高岡蒼甫、桐谷健太、やべきょうすけ、黒木メイサ

高橋ヒロシの漫画『クローズ』の映画化だが、原作者の意図をくんで本作は完全オリジナルストーリーになっている。「山田ナントカくん」はもちろん山田孝之で、その病気の親友役にTVCMで人気者になった桐谷健太。ちなみにみなさん年齢は24歳前後。まあ、高校生には見えないでしょう。本作は25億円の大ヒットとなり、監督以下ほぼ同じメンバーで続編『クローズZEROII』（09）、監督と（ほぼ）役者を替えて『クローズEXPLODE』（14）も作られた。

その27

GIFT
（ギフト）

YouTubeで見つけたロシアのSciFi short filmです。

ロシアはCGI先進国のひとつですが日本ではあまり公開されません。いつだったか『**August Wars**』という映画が公開された時は、まるで佐藤クンが編集したような詐欺的予告のせいでボロクソに言われていたようですが、ロシア軍が全面協力したおかげで装甲車輌が大挙出演。AFVマニアが泣いて喜ぶ戦争映画でしたが、少年の妄想するロボットが登場する不思議な映画で、個人的には大好きでした。

冷戦終結後は世界中の映画がどれもこれもハリウッド風のエンタメ志向ばかりで、伝統を誇るフランス映画界でもベッソンみたいな野郎がデカイ面しやがって、と『**アヴァロン**』のキャンペーンで出会ったフランス人の映画ライターが吠えておりましたっけ。もう10年以上も前のお話です。それもこれも、グローバリズムのひとつの帰結ということなんでしょうが、かつてのソビエト時代はといえば『**赤い惑星**』から『**不思議惑星　キン・ザ・ザ**』、タルコフスキーの『**ソラリス**』に至るまで、ハリウッドのSF映画とは明らかに異なる芸術的な作品が多かったのですが、最近のロシア製SF映画はハリウッドのそれと大差なくなったようで、まことに寂しい限り。『**ストーカー**』や『**ソラリス**』でSF映画をアートにしちゃったタルコフスキーが憤激して墓から飛び出してきそうな状況です。

YouTubeで見掛けるロシアの短編映画も、ご他聞に洩れずハリウッド志向の派手な作品が多いのですが、なかにはこんな不思議な作品もありました、というわけで今回の『GIFT』です。冒頭、贈答品なのでしょうか、奇麗なリボンでラッピングされた箱を膝に、ロシア帽の男が無人の地下鉄に揺られています。この男が、とにかく面白い顔をしたオジさんで、とにかく一度見たら忘れられない顔です。まず役者の顔で摑みを入れるあたり、短編映画としては秀逸です。長いエスカレーターで地上に出ると一面の雪景色。赤の広場にはマスクを装着したサイボーグ兵士や、奇怪なデザインのフライングマシンが展開していて不穏な気配が漂っています。検問所のサイボーグ兵士が男の口を開けさせ、粘膜をDNAチェックして無事通過。さりげなく見せるカットにも、SF映画のツボがちゃんと仕込まれていて、ここまでは絶好調です。

到着した邸宅の玄関では、機械ムキ出しのロボット執事が男を出迎えます。このロボットがまた、ロシア風の邸宅に置いても違和感のない見事な風格のマスクで、ボディを覆う僅かな外殻にもさり気なく青いラインで装飾がプリントされています。ディテールには手を抜かず、しかも不要なものは全て画面から排除する、この手の映画のお手本のような見事な絵作りです。どなたか知りませんが、監督さんは良く判っていらっしゃる方のようです。

執事に通された書斎で対面するのは、これまたドストエフスキーのような貫禄たっぷりのオジさんですが、政治家なのか学者なのか、マフィアのボスには見えませんが、手早くラッピングを解きます。見事な作りの化粧箱の蓋に、小箱から取り出した毛をひとつまみ載せると、CGIの箱がカチャカチャ変形します。こちらもDNAを判定しているのでしょう。感じ入って眺めていた男が初めて口を開きます。

ロシア帽「What's this」。

ドストエフスキー「It's a Unicorn」。

ユニコーンと言えば伝説の一角獣ですが、この箱がユニコーンである筈がありませんから、箱の解除キーとなった毛がユニコーンの鬣（たてがみ）だということなのでしょう。

ドストエフスキー「Never seen one up close before」。

つまりクローズアップで見たことはない。こんなに間近で見たのは初めてだ、ということなのでしょう。私の英語力でもそのくらいの見当はつきますが、この箱が何なのか、いやそれ以前にこの二人は何者で、どういうカンケイなのか。この箱は何なのか。なぜドストエフスキーに鑑定させる必要があったのか。事態は何ひとつ判然としません。

ロシア帽の男「Beautiful!」。

確かに見事な造型の化粧箱ですが、美しい箱であることは見れば判るのですから、その技術が素晴らしいという意味なのでしょう。ここまで隙なく絵作りしてきた監督が、無意味な台詞を用いる筈がありません。

ロシア帽の男が隠し持っていたナイフで、ドストエフスキーの喉を切り裂きます。意外と言うより唐突な展開です。玄関のシーンでちらりと登場した若い奥さんの叫び声が響き、ロシア帽が箱を抱えて逃走しますが、通りに飛び出したところで突っ込んできたバスにあっさりとハネられます。追いかけて来たロボット執事に虫の息で

ロシア帽「Get away!」。

諒解したロボット執事が箱を抱え、駐車中のバイクに跨がって逃走に移り、たちまちパトカーとの壮絶かつアッパレなカーチェイスが始まります。CGIのバイクと実写らしきパトカーの合成による、速度感溢れるチェイスは見事ですが、見事過ぎて普通にしか見えません。ロボット執事とロシア帽は実は仲間で、ロシア帽を邸宅に引き入れたのも計画の一部だったということなのでしょうか。考える暇もなく、『T2』のシュワちゃんばりにカッ飛ばしていたロボット執事は封鎖線に激突してスクラップ同然。それでもガクガクの足で橋の欄干に辿り着き、河に化粧箱を落とします。

ロボット執事「I'm sorry」。

ゴメンなさい、とはどういうことでしょう。逃亡に失敗し、化粧箱を追手の手に渡さない為に、敢えて河に投げ込むことになった不始末をロシア帽に謝罪しているのでしょうか。考える間もなく、いきなり橋のロングショットに追手の短機関銃の発砲音が遠く響きます。シーンが変わり、少年が岸辺に漂着したまま凍結している化粧箱を発見します。なんとも暗い目をした不思議な顔

の少年です。周囲の気配を窺っていますから、拾って持ち帰るつもりなのでしょう。化粧箱の正体も、箱をめぐる暗闘の背景も判らぬまま、映画は唐突に終わります。

全尺で4分42秒です。ディテールもキャスティングも合成も結構尽くめで、ムダのない演出も見事ですが、お話は何ひとつ判りません。いかなる経緯で制作されたのかも不明です。正体の判らない作品なのですが、面白いので数回観てしまいました。どなたか、この短編映画について情報をお持ちの方は御一報ください。

んじゃまた。

●その27『GIFT』（ギフト）

（『The Gift』／10年／英）
監督／カール・リンシュ

電器メーカー、フィリップスが「サー」ことリドリー・スコットに協力を仰ぎ主催した“Parallel Lines project”の1本として製作されたショートフィルム。条件は、ランニングタイムは3分以内。可能な限り映画的で、使用するセリフは「What is that?（これは何だ）」「ユニコーンだ（It's a Unicorn）」「Never seen one up close before（間近で見たことはない）」「Beautiful（美しい）」「Get away Get away（逃げろ、逃げろ）」「I'm Sorry（申し訳ない）」の6つだけというもの。「ユニコーン」というセリフがあるあたりスコットぽいかもしれない。製作されたのは5本で、そのなかで注目を浴びたのが、ダントツにかっこいいカール・リンシュの本作だった。時間は5分弱ありますが。ロシア語でロシアを舞台にしているものの、リンシュは英国生まれ。この作品でスコットにも気に入られ（スコットの娘の恋人だった説もある）、『エイリアン5』の監督にも抜擢されていたが、そちらは本家のスコットが『プロメテウス』（12）として作り、リンシュ本人は『47RONIN』（13）を作ってしまった。ちなみにこのプロジェクトのほかの作品では、ドイツ語やフランス語、手話も使われている。

その 28

キングコング
：髑髏島の巨神

キングコングと言えば共産主義です。

と、言っても何のことか判らないでしょうが、私が学生時代に私淑していた映画評論家の小川徹さんは、初代のキングコングを評して「共産主義の脅威」の暗喩であると書いていたことを思い出しました。

いまの若い読者には見当もつかないでしょうが、私が映画を浴びるほど観ていた学生時代には、映画の「裏目読み」という一種の印象批評が一大勢力として存在しており（と言っても**『映画芸術』**という雑誌の周辺だけですが）、主にハリウッド映画を中心に、商業映画の監督や脚本家が映画内に仕掛けたシンボルやメタファーを読み解く批評活動を展開していたのです。小川徹さんは**『映画芸術』**の何代目かの編集長であり、「裏目読み」批評一派の元締めであり思想的指導者でもありました。

私は小川徹さんの主著である**『私説アメリカ映画史』**を、それこそすり切れるまで読み込んでいた、いま思えば少数派に属する偏向型映画青年だったのですが、何作目かに当たる今回のコング映画をTVで観ながら真っ先に思い出したのが、冒頭の「キングコング＝共産主義の脅威」説なのです。

アメリカという国は（その歴史的な経緯とは裏腹に）本質的には内向きな国家であり、大衆の無意識は「外部の世界に存在する脅威」という本能的な恐怖感を抱えている。南海の孤島はその暗喩であり、辺境への冒険旅行から持ち帰る怪物とは、当時のアメリカ社会にあって最大の潜在的脅威であった共産主義の象徴であり、金髪の美女を抱えて摩天楼に昇るコングの姿には、その恐怖感が重ねられているというのが、その主旨だったと記憶しています。

初代の『**キングコング**』と言えば、その制作は1933年であり、赤狩りの嵐が吹き荒れた50年代以前の筈ですが、時代を越えて映画の中に制作者や観客の無意識を探るのが「裏目読み」なのですから、それでいいのです。まあ、私が『**キング・コング**』を初めて観たのは小学生の頃ですが、コングにさらわれる金髪美女のあられもない姿にコーフンしたことしか覚えておらず、長じて生意気な映画青年になってから、この「キングコング＝共産主義の脅威」説を確認すべく、『**キングコング**』の上映会を実行し、オマケに自ら講演までしたことを思い出します。

まあ、コングが共産主義かどうかはともかく、そういうわけで私とキングコングの間には浅からぬ縁があり、後に制作されたコング映画の続編、リメイク作品はその殆どを観ています。底抜け映画として名を馳せたギラーミン監督のリメイクは、超高層ビルを文字通りのコンクリートジャングルに見立てるという判り易い演出以外は、ギャアギャア泣き喚くジェシカ・ラングさんしか覚えておらず、やり過ぎ感満載のピーター・ジャクソン版では、ナオミ・ワッツさんの美しい顔しか記憶にありません。ギラーミンさんと言えば傑作戦争映画『**レマゲン鉄橋**』の巨匠であり、ジャクソンさんはといえば、あの『**ロード・オブ・ザ・リング**』4部作の監督さんなのですが、どうもコング映画に関わると底が抜けてしまうらしく、その辺りの事情はゴジラに関わるとロクなことがない…（中略）…と同様のようです。

まあ、みなさんコングが大好きなのでしょうが、なまじ巨匠が関わるとただの怪獣映画で終わってたまるか、と妙な気合いが入るのが仇となるのかもしれませんが、今回の**『髑髏島の巨神』**の監督さんは、どういう方なのかは全く知りませんが、間違いなく筋金入りのオタクであり、実にアッケラカンと特撮アニメオタクの引き出しを全開にしており、そのこだわりの無さはいっそのこと爽やかなくらいです。

しかしながら、冒頭のシーンで南太平洋に不時着した戦闘機が日本側は零戦なのは当然として、なぜ陸軍機のP51なのでしょう。南太平洋の戦線といえば海軍の艦載機であるF4FかF6Fだと思うのですが、どうも監督さんはオタクではあっても軍オタではないようです。その一方で、登場する銃器はと言えば、お馴染みのM16からブローニングM2、M60、AK47、拳銃はハイパワーからガバメントまで、ベトナム戦争の当時を彷彿とさせる軍用銃のオンパレードなのは銃器担当の考証がしっかりしてるのかと思えば、何故か日本の海軍パイロットが撃ちまくる拳銃は、陸軍ならともかくのモーゼルC96です。冒頭から15分以内に、「好きなものを全部出しました映画」であることが直ちに判明する仕掛けになっています。

本当に何も考えていないことが明瞭に見て取れる映画なので、語ることもありません。ではさすがにマズいので、もう少し語ります。

コング映画と言えば金髪美女です。今回のヒロインはなんという女優さんか知りませんが、明らかにジェシカ・ラングさんに三歩譲り、ナオミ・ワッツさんには百歩及ばない、おそらく歴代のコング・ガールの中で下から数えた方が早いであろう、顎の四角い残念なヒロインです。最新コング映画の監督がオタクなのは良しとしても、女優に興味がないのはいかがなものでしょう。

「怪獣と美女はセットである」説の私としては、大いに不満の募るところです。

以上、オシマイでは、やはりマズいので、もう少し書きます。怪獣映画にとってガジェットは重要であり、それはなにかのメタファでなければならない、という（私が提唱する）説に従うとするなら、終盤に登場するＢ29改造の脱出用ボート（Ｍ２連装機銃つき）は、あれはいったい何の暗喩なのでしょうか。そのエンジンがＰ51のマーリンと零戦の栄（たぶん21型）を連結したシロモノ（そんなこと出来るのか？）だという台詞まであるのですから、何か意味があるとしか思えません。察するに、かつては仇敵であった日米両国が、現在は手を携えて共産主義と戦おうというメッセージなのではないでしょうか。だとするなら、原住民がカンボジア風なのも、舞台が70年代に設定されていることとも整合性がとれます。そう考えると、コングに立ち向かうことに固執した挙げ句に、あっさり敗北したサミュエル・Ｌ・ジャクソンさんはベトナムから撤退した米軍の象徴的存在ということになるのかもしれませんし、実はコングこそが島の守護神であり、あいつが死ねば地底から這い上がって来る怪奇大トカゲに蹂躙されるという主張は、冷戦終結後の世界の内戦状態を語っているのかもしれません。

ンな馬鹿な、と思われるでしょうが、「裏目読み」とはそうしたものなのです。というわけで『**キングコング：髑髏島の巨神**』ですが、本当に語るべき何ものもない映画なのですが、最近観た映画と言えばこれしかないのですから仕方ありません。何もなくてもいい、退屈さえしなければという方にはお薦めです。

んじゃまた。

●その28『キングコング：髑髏島の巨神』

（『Kong : Skull Island』／17年／米）
監督／ジョーダン・ヴォート=ロバーツ
出演／トム・ヒドルストン、サミュエル・L・ジャクソン、ジョン・グッドマン

レジェンダリー・ピクチャーズによる『GODZILLA ゴジラ』に続く“モンスターバース”シリーズの第2弾。前作では日本の巨大怪獣、本作ではハリウッドが誇る巨大モンスター、キングコングを主人公にしている。2作が共通しているのはモンスターのかっこよさ、ヒーローとして描かれているところだろう。押井さんのいう「顎の四角い残念なヒロイン」は『ルーム』（15）でアカデミー主演女優賞を獲得し、『キャプテン・マーベル』（19）でタイトルロールを演じた、実力派女優ブリー・ラーソン。「軍オタではない」監督のヴォート=ロバーツはゲームおたくで、本作で参考にしたのは『ワンダと巨像』だと発言。また、監督としての夢は「『メタルギアソリッド』の実写化!」と言っていたが、ついにそのプロジェクトが動き出し、『スター・ウォーズ』のポー・ダメロン役で知られるオスカー・アイザックがソリッド・スネークを演じると発表した。

その29

4デイズ イン イラク

なんと、ポーランドの戦争映画です。

　もちろんポーランドの戦争映画それ自体は珍しいわけでもなんでもなく、社会主義政権時代はもちろん、民主化された後でも、映画は音楽とならんでポーランドが誇る、堂々たる「文化」ですから、軍が撮影に協力することは大変に名誉なことであり、大掛かりな戦争映画も珍しくありませんでした。ただ、その殆どはポーランドが帝国の栄光に輝いていた頃の歴史物だったりするので、日本で公開されることもなく、せいぜいが、第二次大戦中の占領下の物語が輸入されていたくらいでした。

　誰でも知ってるワイダの**『地下水道』**はドイツ占領下の絶望的なワルシャワ蜂起を描いた映画だったし、映画史関係の本には必ず載っている名作**『灰とダイヤモンド』**も実は、戦後の混乱期における反共産主義テロリストを描いた映画です。

　暗い映画が嫌いな、いまどきの若い観客にはキツい映画ばかりです。そもそもが、ポーランドにおける映画とは、極論するなら戦争映画だろうが恋愛映画だろうが、もれなく「文芸映画」であり「芸術」なのですから仕方ありません。たとえば**『銀の惑星』**というSF映画もその典型で、アクションもなければ合成もありませんが、美術と衣裳がとにかく素晴らしい映画で、私は大好きなのですが、実に悠然たるテンポの物語で、**『尼僧ヨアンナ』**で死にかけたカネコや、**『リーサルウェポン』**しか観ていないツジモトあたりは即死でしょう。

まあ、最近はロシアと同じく、ハリウッド指向のエンタメ映画も製作されているようだし、デジタル系のスキルも欧米に較べても遜色ないレベルにあるようですが、産業としての規模でいうなら日本と同じくらいか、それ以下ですから、優秀なスタッフは海外に活躍の場を求めるしかないのでしょう。名だたるハリウッド大作映画にも、ポーランド人の撮影監督が名を連ねていることがその証明です。

で、今回の『**4デイズ イン イラク**』ですが、なんとイラク戦争後に平和維持軍として現地に派遣された、ポーランド陸軍の小部隊の物語です。いやあ御時世だなあ。

例によってプチプチ（リモコンのことです）でザッピング中に引っ掛かり、解説画面を呼び出してみると、「イラクに派遣され、市庁舎の警護の任務に就いた40名のハンガリー軍とポーランド軍の兵士が、シーア派の反米勢力に包囲され、絶望的な戦闘を繰り広げて奇跡的に生き延びた感動の実話」みたいなことが書いてあります。

なんだか、『**ブラックホーク・ダウン**』みたいな映画のようです。これは観るしかないでしょう。プチっとな。で観始めたら時すでに遅し。それこそテレビをつけたら、いきなり終盤の戦闘シーンのようです。

どうも始まってから1時間以上は経過しているようですが、私を知る人なら、映画の途中だろうがラストシーンだろうが気にせず観るのが私の流儀であることは御案内の通りです。

まず目に飛び込んだのが、未だにこんなシロモノを装備してるんだ、という驚きの無反動砲です。庁舎の屋上らしきところで、兵士が必死に組み立てています。無反動砲の組み立てシーンなんて、映画で観たことありません。ポーランド映画ですから、間違いなく本物であり、照準を含む操作手順もしっかり描いています。無反動砲といっても一般のお客さんにはピンとこないでしょうが、通常の野砲と違って発射ガスを後方へそのまま噴き出す形式なので、小隊規模でも運用が可能な重火器のことです。つい最近まで自衛隊もジープに載せて運用したりしていましたが、いまや携行ロケットランチャーに取って代わられた、まあ過去の遺物みたいな兵器です。『**レッド・アフガン**』という傑作戦車映画でも、アフガンゲリラがロシア軍のT72を狙ってぶっ放したりしていましたし、『**ブラックホーク・ダウン**』でも反米武装組織の民兵が日本製のトラックに積んでいたのを米兵が奪って撃ちまくっていましたが、このシーンの描写を観る限り、そんなお気楽な兵器ではないようです。兵士が4、5人掛かりでようやく運搬し、操作するしかないことがよく判ります。いやあ、勉強になるなあと思うのは軍オタだけでしょうが、映画に登場する火器の描写の殆どが真っ赤な嘘であることを再認識しました。私も『**アヴァロン**』の撮影でハリウッド戦争アクション映画の定番であるRPGを使いましたが、今まで観て来た映画の描写が全て嘘であることをイヤというほど体験しました。あんな危険な兵器はありません。

いつだったか、射撃場で知り合った元傭兵のオジさんが「RPG使いに友人はいない」と語っておりましたが、あの後方噴煙の凄まじさでは、1キロ先からでも発射位置が特定されますから、オツリがたんと返ってくることは間違いありません。傍に居たくないのも当然です。

発射薬を減装し、弾頭装薬も抜いてあるのでしょうが発砲します。目を皿のようにして観ていましたが、役者がそのまま撃っているようです。『**アヴァロン**』で女優にRPGを撃たせるかどうかで、さんざん揉めたことを思い出します。『**重鉄騎**』というゲームのプロモーションで、T64のDShK38という50口径の車載機銃の発砲シーンを撮影した時もそうでしたが、ポーランドでは女優に銃器を実射させることを極端に嫌います。あの時も現場で揉めたのですが、女優さんが自分で撃ちたがったことが決め手になって、スタントなしで実現しました。今回は登場人物全員が男優でしたし、30代以降の年齢であれば間違いなく徴兵されて軍隊経験がありますからオッケイなのでしょう。

つづいて目に飛び込んだのが、兵士が携行する突撃銃です。湾岸やイラクでお馴染みのM4なんぞであるわけがありません。ガリルのメタルストックをつけていますが、機関部は間違いなくAKですから、AK74の国産のバリエーションなのでしょう。まあ、ガリル自体がAKのパクリなのですから、AKにガリルストックをつけたって罰は当たりません。また『**アヴァロン**』の体験談で恐縮ですが、撮影現場で知り合ったポーランド兵が携行していた短機関銃を思い出します。なんと大戦中に赤軍が使用したPPSh41（ペーペーシャーと読みます）でした。それもドラムマガジンでなく、ボックスマガジンに改造した超レアもので、プレス加工で量産した、いかにも当たらなそうな粗悪品です。

「こんなんじゃイヤだ。M16が欲しい」と言ってましたっけ。ことほど左様に、ポーランド軍は予算が乏しく、ミグ21からAKやPPShまで、旧式のロシア製兵器を更新出来ない経済事情に泣いていたのでした。まあ、だからこそ『**アヴァロン**』の舞台に選んだんですけど。

そして彼らが装備しているヘルメットがまた…、と書いているとキリがないのでやめますが、軍事マニアならDVD即買いのレアな戦争映画であることは、この私が保証します。

もちろん私も買います。さすがに映画の話に戻しますが、なぜポーランド軍の兵士がイラクで戦わなければならないのか、がこの映画のキモです。

イラクに何の権益も持たない（でしょう）のに多国籍軍や平和維持軍に参加している国は、カナダやオーストラリア、ハンガリー、スウェーデンなど他にも多く存在しますが、要するにアメリカの同盟国としての義務、アメリカの中東戦略への「お付き合い」に過ぎないのであって、国の事情はともあれ、従軍する兵士には「他人の戦争」に過ぎませんから、士気の上がらないことは勿論であり、まして「死守命令」に等しい、こんな任務で英雄的行為に及ぶなんて義理はあろう筈がありません。そのあり得ない戦争におけるモラルハザードこそが、この映画の主題であることは、登場する兵器に目が眩み、しかも30分しか観ていない私でも判ります。

装備している重火器は骨董品のような無反動砲だけ。弾薬の80パーセントを撃ち尽くしてもなお、武装勢力はウンカの如く湧いてくるわ、迫撃砲は撃ち込んでくるわ、少年にＲＰＧを持たせて突撃してくるわ、現地の女子供は盾にするわの文字通りの非道ぶりです。**『ブラックホーク・ダウン』**や**『エネミー・ライン』**のような武装ヘリの支援もありません。やってられるか、の最低の精神状態で彼らは逆襲を敢行して生き延びますが、歓喜も達成感もカケラもありませんし、映画としてのカタルシスもありません。戦い終わって待っているのは、民間人を殺傷した咎で起訴されるかもしれない可能性と、米軍の連絡将校の「あんたら、こんなんでよく生き延びたね」の一言だけ。

ふざけるな、と叫んでも無駄であることは彼らが一番よく知っていますから、戦い終わって誰も一言も語らないラストシーンは当然なのです。

たぶん、評判は悪いんだろうなあと思い、（私にしては珍しく）念のためにネットで評価を検索してみたら、まさにボロクソです。

つくづく思うのですが、評価というものは映画に何を求めるかで決まります。私はポーランドには義理も愛着もありますから、身びいきはあるでしょうが、それを差っ引いても、軍オタ的評価を忘れたとしても、なかなか大した映画だと思うのですが。

貴方どう思います？

気になる方は、配信でもレンタルでもどうぞ。私はＤＶＤがアマゾンから到着したらまた観るでしょう。まあ、例によって買ったことで満足しちゃうかもしれませんが。今回は軍オタでない読者には、面白くも何ともないお話で申し訳ありませんでしたが、悪しからず。

んじゃまた。

●その29『4デイズ イン イラク』

(『Karbala』/15年/ポーランド&ブルガリア)
監督/クシシュトフ・ウカシェヴィッチ
出演/バルトーミェイ・トパ、アンソニー・クロリコフスキ、フリスト・ショポフ

日本では16年の10月に開催された「MDGP2016」で上映された作品。ちなみに「MDGP」とは「モースト・デンジャラス・シネマグランプリ」のことです。監督のウカシェヴィッチはポーランド生まれ。現在は同国の人気TV シリーズを手掛けているようだ。

その 30

The Elevator
（ジ・エレベーター）

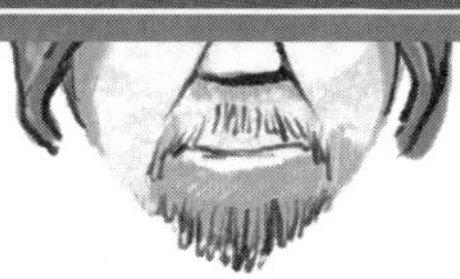

いやあ今月は忙しかったあ。

某短編の撮影やら編集やらの一方で、もうすぐクランクインする長編の準備をしつつ、某シリーズの脚本を大量にこなしつつ、でもゲームもやらなきゃいけない（ことはない）ので、とにかく映画なんか観てるヒマは1ミリもありません。そういうわけで、困ったときのYouTubeです。

最近はすっかり御無沙汰してたので、何かないかなと適当に流していたら出会ったのが今回の『**The Elevator**』です。

あらかじめ言っておきますが、例によって傑作でも感動作でもありません。そういう作品もあるにはあるのですが、そういう作品は（当たり前ですが）特に思うことも考えることも、敢えて文章にする必要もないので紹介していませんので、よろしく御了承ください。

映画には特権的な空間、映画的な空間というものがあります。そのもっとも端的な例が移動する空間である列車内や、自動車のコクピットです。自動車の車内については、ずいぶん以前に『**METHODS**』というレイアウト本でも語っていますから、詳細はそちらを読んで戴くとして（復刻版が出ていますから買って読みましょう）、列車の車内を舞台にした映画作品は、これはもう枚挙に暇がなく、しかも傑作揃いです。

ヒッチコックの一連の映画は誰でも知っているでしょうが、古くはイェジー・カヴァレロヴィチの『**夜行列車**』や007シリーズの『**ロシアより愛をこめて**』から、最近では韓国のゾンビ映画『**新感染**』まで、芸術映画から娯楽大作まで幅広く舞台に選ばれているのは、映画好きの方なら御案内の通りです。同じ韓国のポン・ジュノ監督がルーマニアにセットを組んで撮影したSF映画『**スノーピアサー**』は「列車映画」というジャンルそのものへのオマージュのような映画でしたね。もちろん全てが傑作という訳では無論なく、某映画評論家監督の『**シベリア超特急**』シリーズみたいなトンデモ映画もありますし、サーがプロデュースした『**オリエント急行殺人事件**』みたいに、無駄にキャスティングと美術が豪華なだけの凡作もあります（ああ、サーの監督する『**オリエント**』が観たかった）。それでも、これだけ繰り返し舞台に選ばれていることには論理的に理由があるからなのですが、それをここで長々書くわけにもいかないし、実は近々そういう本を出す予定もありますので、興味のある方はそちらをお待ちください。

で、ようやく本題に入るわけですが、実は何を隠そう（というほどのものでもありませんが）エレベーターという空間も、数えきれぬほど舞台に選ばれてきた映画的特権空間のひとつなのです。

その理由はといえば――

1．とにかく狭いのでレイアウトに悩まない。

2．狭い空間に不特定または特定の人物が押し込まれ、時間と空間を共有することを強制されるので、何事か劇的なことを起こしやすい。

3.「狭い」「時間制限」という縛りがあるので、演出的に方針を出しやすい。

4.セットが巨大化しないので制作者にはお得、スタッフには迷惑。

5.最近流行りのガラス張り式でない限り、撮影時間に制限がない。

まあ、咄嗟に思いつくのはこのくらいですが、まだまだメリットがあることは間違いなく、実際には現場は混雑して大変なのですが、脚本家はラクチンなので今後とも多用されることでしょう。ドラマだけではなく、アクションシーンの舞台としても使われていて、私の記憶では（何という映画だったか思い出せませんが）北野監督がエレベーター内で殺し屋とヤクザが無言でドスボス撃ち合って全員が血みどろという、映画史に残るアクションシーンを撮ってますし、マーベル映画の『**キャプテン・アメリカ／ウィンター・ソルジャー**』では全面ガラス張りのエレベーター内で恐ろしく手の込んだアクションを展開しています（ほぼ全カット合成）。

実は私も『**P2**』や『**攻殻機動隊**』や『**イノセンス**』でやってます。レイアウトが大変だし、必然的に長廻しになるので作画も大変ですが、どうしてもやりたくなる最大の理由は、観客の意識を集中しやすいからなのと、コンテがラクチンだからです。

というわけで、前置きが長くなったのは、すでにお察しの通り、今回の『**The Elevator**』

も書くことがあまり無いからなのですが、それでも書かない訳にはいかないので書きます。

二枚目風の若くない主人公がエレベーターに乗ります。この役者さんは誰かに似ているのですが、どうしてもその誰かが思い出せないのと、似ているからといってそれが何だと言われれば何でもないのでスルーします。最上階の9階のボタンを押しますが、2階から乗り込んできたのはいずれも100キロオーバーの巨デブの男女です。

早くも不穏な気配が漂います。つづいて3階から、さらに巨デブ3人組が乗り込み、狭いエレベーター内はたちまち息苦しい不快な空間へ変貌します。

「狭いトイレには兄弟も友人もいない」という名言がありますが、私の学生時代の自主映画の相棒は「エレベーターで他人の屁の匂いを嗅がされるほど不快なことはない」という判りやすい名言を吐いたことを思い出します。ちなみに、この男は映画館で隣りに座った私を屁の匂いで苦しめたことがあります。その時に観た映画は私が大好きなウォルター・マッソーとジャック・レモンが共演した『**フロント・ページ**』というビリー・ワイルダーの傑作喜劇なのですが、この映画のことを思い出す度に、あの時の友人の消化不良の凄まじい屁の匂いもまた思い出されるのです。まあ、カンケイなくもないお話ですが。

さて、巨デブで充満したエレベーターは次の階に停止し、今度は細めの若い男が内部を一目見るなり諦めて首を振るのですが、彼の背後から現われたのが、いままでの巨デブとはランクが違う、それこそ超弩級の巨デブです。もはや限界を超えたエレベーターで主人公が懐から電卓を取り出し、前後左右を窺いながら計算を始めます。もちろん内部の肉塊の推定重量を計算しているのですが、エレベーターの許容重量表示と見比べると、その限界を微妙に超えています。途端にエレベーターがガクンと一気に降下し、主人公は蒼くなりますが、どういう仕掛けなのか、エレベーターは根性で上昇を開始します。しかし、エレベーターの根性などという怪しげなものを信じる謂れはないので、次に停止した階で主人公はようやくにして脱出し、隣りのエレベーターに乗り換えます。ほどなく到着したエレベーターの扉が開きます。そこに主人公の見たものは…?

●ゾンビの大群
●ビキニ美女の大群
●ホモにしか見えない『300』のスパルタ戦士の一個分隊
●エイリアンの群れ
●デスクロー先輩（註：『Fallout 4』最強最悪のモンスター）

さて、貴方は何を想像されますか?これは面白いので創作の演習で使えるかもしれません。実はこれがガッカリするほど面白くない一団だったので、敢えて正解は書きません。どうしても知りたい方は YouTube で検索してください。

役者さんの演技はそれなりだったし（書き忘れていましたが台詞なしです）、撮影もムダがないし、なによりも巨デブをこれだけ集めた根性はたいしたものなので（エキストラ会社に依頼したのかもしれませんが）どういう監督さんなのか検索したら、検索するまでもなく、主人公を演じた役者さんその人でした。どうも同じような短編を主演監督でたくさん制作している変わり者のようです。

んじゃまた。

●その30『The Elevator』（ジ・エレベーター）

（『ザ・エレベーター』／10年／米）
監督／グレッグ・グリエンナ
出演／グレッグ・グリエンナ

監督のグリエンナは、シカゴで上演していた自作の舞台がスティーブン・ソダーバーグの目に留まったことで、その作品『Meet the Parents』(92) を自らのメガホンで映画化。00年にはロバート・デ・ニーロ、ベン・スティラーでリメイクされ、こちらは大ヒットとなり続編も作られた。それが『ミート・ザ・ペアレンツ』だ。本業は脚本家で、未公開の長編監督作が2本、短編も数本作っている。押井さんが「誰かに似ている」という主人公はグリエンナ自身。

その31

X-コンタクト

東京へ出掛ける日の遅い朝食後です。

新幹線の脳内時刻表を検索しつつ、ダラダラとザッピングしていた時に見つけた、文字通り「TVをつけたらやっていた」映画です。いきなり氷の海で暴風雨に揉まれている漁船です。つづいて、船長らしき、見たことのある老人のアップショットです。なんか、ランスに似てるなあと思って見ていたら、なんと本物のランス・ヘンリクセンさんでした。『**エイリアン2**』のビショップを演じたランスです。私の『**GARM WARS**』でウィドという魔法系のキャラクターを演じてくれたランスです。

これはもう、観ないわけにはいかないでしょう。新幹線の脳内時刻表をクリックして先送りにします。といっても、もう半分以上終わっているようですが、登場人物たちの会話から以下の事実関係が判明します。

場所はよく判りませんが、軍事マニアや戦史オタクには有名なダッチハーバーという地名が頻出しますから、アラスカの沖合か、北太平洋はアリューシャン列島の近傍でしょう。「2トンのカニを捨てるしかない」という台詞がありましたから、この船はカニ漁専門の漁船なのだと知れます。それにしては場違いな学者がいたり、若い娘やインテリくさい黒人まで同乗しているのが不可解ですが、大学教授らしき中年男が、「あれを所有する権利は私のものだ」とか「争う気ならそれでもいいが、大学には優秀な弁護士がついてるぞ」とか若い娘と言い争いをしていますから、何かトンデモ物質（乃至は生物）を釣り上げてしまったのだとすると、カニ漁に便乗して学術調査でもしていたのでしょう。だとすると、漁師に見えない人物たちは、教授のゼミの院生たちなのでしょうか。

このまま観続けてもいいのですが、なにしろ新幹線の時間も仕事の予定もあるので、インチキをして解説画面を呼び出します。いつものことながら、途中から映画を観ることを躊躇しない人間には便利な世の中になったものです。

解説によると、漁船が回収したトンデモ物質は落下したソ連の有人衛星で、その中から出て来た宇宙飛行士の遺体に寄生していた謎の生命体が船内に潜み、逃げ場の無い人間たちに次々と襲いかかり…と、要するに**『エイリアン』**と**『（遊星からの）物体X』**にインスパイアされて制作された数あるパチもののひとつのようですが、同じ制作チームが関わっているらしく、撮影は気合いが入っていますし、なにより本家の登場人物であるランスが主役級で出演していることからすると、それなりの規模の作品のようです。可能な限りCGを用いず云々と書かれています。特撮や造型に拘らずにCGでやれるならCGで済ませて、オカネと時間は別のところにかけるべきだ、というのが私の持論なのですが、映画というのは拘りなしに合理性だけを追求するとつまらなくなるのも確かなことですから、それでもいいのでしょう。

状況が判明したので、鑑賞のポイントは自動的に登場人物に絞られます。ランスは相変わらず顔の造作と錆びた声が素晴らしく、明らかにこの映画の成立要件を満たす存在です。観始めたときから喚いていたイヤな野郎である教授は、体を真っ赤に膨れ上がらせた挙げ句、背中からイソギンチャクを生やして大量に血液を撒き散らして死にます。予想通りの死に様です。残りの登場人物で目についたのは、アゴに大きな傷のある金髪のマッチョなオバさんですが、やはりというかヤッパリというか、ソ連が派遣したスパイなのでした。どう見てもカタギには見えませんでしたから、当然と言えば当然でしょう。衛星を回収するには、民間の漁船に人を潜り込ませた方が効率がいいのダ、というのがその理屈ですが、その合理性はともかく、私の好みの強力なオバさんです。

それにしても、いつの時代を背景にした映画なのでしょうか。なぜ、いま冷戦の時代を背景に…と考えるヒマも余裕も無く、映画はクライマックスに突入しますが、なにしろ夜の海上で船は停電し、おまけに怪物は固体にも液体にも変幻自在という存在ですから、何がどういう状況でいかに戦っているのか、寄る年波で暗い画面がブーな私には判然としない上に、セラ（私の愛犬）や猫たちの妨害と戦いながらの鑑賞ですから、確たることは何も書けません。ソ連の金髪オバさんの仕掛けた爆弾を解除したり、というサスペンスもありつつ、物語は私的にとっちらかったままクライマックスを迎え、唯一の舞台である漁船は爆発炎上沈没し、ただひとり流氷に逃れた若い娘が「全員死亡、生存者１名」と『**エイリアン**』のまんまの台詞を残して気絶するところで映画は終わります。

作品の売りであるらしい、特殊造型と特撮の出来はまずまずのようでしたが、別にCGでいいじゃんという私の自説を覆すほどのものではなく、なにより「固体にも液体にも変幻自在」という設定がどう考えても映画向きとは思えません。やはりこの手の映画はデザインありきで考えるべきなのであって、特撮小僧だった頃に観た映画『**宇宙大怪獣ドゴラ**』に抱いた根本的な疑問を思い出しました。

形の判らない怪物は怪物とは呼ばないのと違うか、という疑問です。まあ、ランスも出てることだし、撮影は頑張ってるし、ロシアの女スパイのオバさんをもう少し観たかったので、またやっていたら観るかもしれませんが、ランスと強力なオバさんと特殊造型に興味のない方にはお薦めしません。とにかく画面が暗いので目の悪い方も同様です。

んじゃまた。

●その31『X-コンタクト』

（『Harbinger Down』／14年／米）
監督／アレック・ギリス
出演／ランス・ヘンリクセン、カミーユ・バルサモ、リード・コラムズ

日本では「カリテ・ファンタスティック!シネマコレクション2016」で上映された作品。監督のギリスはロジャー・コーマンのニューワールド・ピクチャーズでSFXを担当していた人で、そのときの同僚がジェームズ・キャメロン。その後、スタン・ウィンストンの会社に籍を置き、アマルガメイテッド・ダイナミクスでもキャリアを積んでいる、その道の大ベテラン。『エイリアン3』（92）、『スターシップ・トゥルーパーズ』（97）では、それぞれ視覚効果部門でノミネートされている。現在も活躍中で、『ザ・プレデター』（18）や、『ゴジラVSコング』（20）も手掛けている。

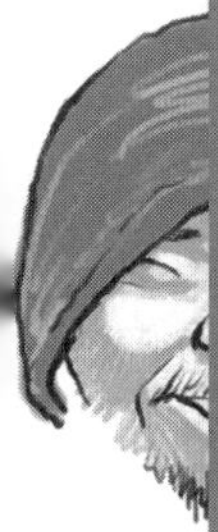

その 32
ラザロ・エフェクト

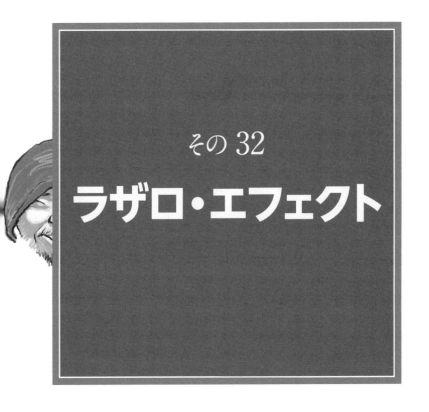

「ラザロ」と言えば、もちろんあの「ラザロ」でしょう。

新約聖書（ヨハネ福音書？）に登場する、あの「蘇生の奇跡」のラザロ。イエスがその死を悲しんで、死から蘇らせたラザロです。私が新旧の聖書を熟読していたのは、もう20年以上も前のことで、最近はすっかりご無沙汰ですが、さすがにラザロの「蘇生の奇跡」くらいは覚えています。

タイトルから想像するなら、どう考えてもホラー映画ですし、私は怖がりなのでホラー映画は観ない主義なのですが、聖書の絡む映画はほぼ洩れなく観て来た男ですから、観ないわけにはいきません。

どうせ臨死体験か、死者の蘇生の物語なんだろうなと、例によって折り返した辺りからの鑑賞でしたが、やっぱり死者を蘇らせる実験の物語でした。

「このままではオレたちの研究の成果は奪われてしまう」と、あまり科学者には見えない、どちらかといえばフットボーラーか野球選手が似合いそうなマッチョ系の男が深刻な顔で語っています。他に研究員らしきオタク系の白人男とインテリ風の黒人、それに絶対に研究者には見えない金髪の姐さんが説得に負けて同意し、ラボに潜入することに同意します。ここまでの成り行きは想像するしかありませんが、野心的な研究を上司である教授か金儲け主義の悪徳製薬会社に奪われかけて、非合法な実験に手を染めるという、昨今のハリウッド映画にありがちな筋書きなのでしょう。

がしかし、そんなことはどうでもよろしい。私が注目したのは、第五の登場人物にして、登場カットですでにヒロイン確定の女性研究者を演じている女優さんです。間違いなく観たことがありますが、映画のタイトルも御本人の名前も全く思い出せません。私はあらゆる映画のタイトルと中身とキャストの名前を諳んじている佐藤敦紀（註：詐欺的予告編編集者兼VFXスーパーバイザー）ではないので、それ自体は珍しいことではないのですが、もはや死者の蘇生実験などは眼中になく、間違いなく記憶にあるのに思い出せない、この女優さんに注目することに決めました。

首尾よくラボに忍び込んだ5人は直ちに犬を蘇生させる実験を開始しますが、感電事故でヒロインはあっさり死亡します。

ここまでは予想通りの展開で、彼女が蘇生されるヒロインであろうことも、その異様な容貌からして当然の成りゆきです。「ラザロ血清」と称する正体不明の血清と電気ショックで、ゾーイ（という名前なんです）は目出度く蘇生しますが、そのまま目出度しメデタシ…では映画になりませんから、案の定というかやっぱりというか、彼女は次々と超常現象を巻き起こします。

「エスパーにゃ！」とは誰も言いませんが、誰の目にも明らかなチョー能力者として蘇ったゾーイさんは人格まで変容したようで、猜疑心の塊と化した彼女は「あの女ヤバいんでないか？」と密談する一同の心中まで全てお見通しで、後はひたすらエグイ殺しの連続です。ひとりづつ惨殺されてゆくエピソードの描写は意外に淡白ですが、ゾーイさんを演じるエキゾチックな面立ちの女優さんは、凄絶美とでも形容するのが相応しい美しさで、もはや目が離せません。

それにしても、何の映画で観た誰なのか、私の焦燥感もヒートアップしますが、映画は容赦なく進行します。彼女の超能力や幼少時のトラウマ地獄を脳内体験させられた研究者たちは無惨な最期を遂げ、残すところは最も印象のウスかった金髪の姐さんだけです。追い詰められた彼女は、ゾーイのトラウマの謎を解いたりしますが、いきなり振られた大役に喘ぎながらも、根性のみで「ゴリラも一撃」の強力鎮静剤の注射器をゾーイにブチ込み、駆けつけた消防隊員に抱き起こされて大団円…と思ったら、その隊員が実は、という予想通りのオチがついて映画は終わりますが、ゾーイという不思議な名前のヒロインを演じた女優さんの正体という、最大の謎だけが残ります。と、ここまで書いてようやく思い出しました。まあ、最後に思い出すという結末がないと、この文章自体が成立しないで読者のストレスのみを残すことになるので、都合良く思い出したんですけど。

正解は『**トロン：レガシー**』でヒロインを演じた女優さんです。そう、誰もが（私だけが）忘れられないあのステキな「斜めオカッパ」の女性アンドロイドです。ＤＶＤ欲しさに宣伝の片棒まで担いだ、あの『**トロン：レガシー**』のアンドロイドヒロインです。ヘアスタイルは違いますが、異様に強い眸といい、四角い顎といい、間違いようがありません。

ひさしぶりの登場です。なんという方なのか、そこまでは思い出せません。興味のある方は調べてみてください。それにしても、思わぬところで思わぬ方に出会ったものです。これもまたザッピング映画鑑賞の醍醐味のひとつではあります。映画としての評価は（後半しか観ていませんが）、それなりの出来のホラー映画というよりはサスペンス映画です。タダで観てるんですから、文句を言う筋合いのものじゃありませんが、映画館で観たら落胆したでしょう。

『**トロン：レガシー**』の「斜めオカッパ」の女性アンドロイドにシビれた方のみにお薦めします。

んじゃ、また。

●その32『ラザロ・エフェクト』

(『The Lazarus Effect』/15年/米)
監督/デビッド・ゲルブ
出演/マーク・デュプラス、オリビア・ワイルド、ドナルド・グローバー

ハリウッド・ホラー界の新勢力、『パラノーマル・アクティビティ』シリーズ(07〜15)や『ゲット・アウト』(17)を世に送ったジェイソン・ブラム製作によるホラー。「斜めオカッパ」のおねえさんはオリビア・ワイルドで、「マッチョ系の男」はマーク・デュプラス。押井さんの想像通り、自分たちの研究成果を製薬会社に奪われそうになり、それを奪い返そうとするプロセスで事故が起こるのだ。監督のゲルブは、アメリカにスシブームを起こした『二郎は鮨の夢を見る』(11)を手掛けて注目された人。なぜ、こんなホラーを作ったのかはなぞであります。

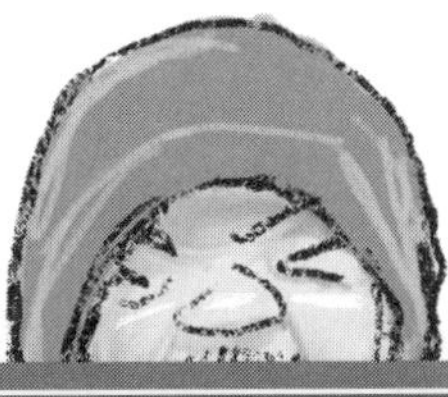

その33
美しき諍い女

まさかのローマVSバルサの大逆転劇でした。事のついでにユベントスもGIANT KILLINGを再演してレアルを圧倒し、スペイン勢全滅を期待したのですが、いま一歩及ばず。いやあ、チェルシーもMUも敗退して私のCLは終わったあ、と思っていたのですが、やっぱりCLは魅せますねえ。以上、サッカーに興味のない方には無用の文章でした。

新作の撮影が無事に終わってヤレヤレ、TVで映画でも観ようかという矢先の出来事でしたから、本来なら映画どころではなかったのですが、興奮醒めやらぬ朦朧としたアタマで、迂闊にもダラダラ観てしまった映画が今回の**『美しき諍い女（いさかいめ）』**です。

カンヌ映画祭グランプリ作品です。ヨーロッパ文化の香り高き巨匠リヴェット監督の芸術作品です。公開からすでに30年近い年月を経た骨董品のような、いや公開時にすでに骨董品だった映画です。かつて小川徹という映画評論家は、「悩める芸術家かわいそう」といった類いの映画は語るに値しない、といったような発言を繰り返していましたが、要するに商業映画の持つ社会性（政治性）を端から切り捨てたような芸術至上主義の映画を語るような言葉は持たない、ということだったのでしょう。リアリストであり、ドラマ至上主義者であり、「裏目読み」の提唱者でもあった人物からすれば当然のことです。

まさに悩める芸術家と、そのモデルの制作過程における葛藤を描いた映画であり、裏も表もない、映画が芸術であることを微塵も疑っていないナイーブな作品です。

小川徹に倣うなら、語るべき何ものもない、の一言で終わりでしょうが、他に何も観ていないので仕方なく何か書きます。

ミシェル・ピコリさんが演じる老画家は、制作上の壁に突き当たって悩める人となっていますが、この事態を打開すべく（かつて彼のモデルだった）奥さんが連れて来たのが、カラダは素晴らしいがモデルとしては全くのド素人であるエマニュエル・ベアールさんです。

ベアール姐さんは、なにしろ全くの素人ですから、脱ぎっぷりはいいものの、すぐに疲れてブーたれるわ、煙草を吸いたがるわ、ダメ男の恋人はいるわの、要するにヨーロッパ（フランス）映画が好んで描いてきた「面倒であるがゆえに魅力的な女」の典型です。

かつて絵画の歴史には、モデルという名の女神が画家にインスピレーションを与えていた（と称していた）時代があったのですが、その神話を映画化した時点で、画家とモデルの関係性（葛藤）は映画監督と女優のそれに置換され得るということが直ちに明らかになります。

どちらも神話の類いであることは確かですが、それなりに根拠なしとはしませんから、きっと相性は良いのでしょう。

映画の大半は当然のことながら絵画の制作過程を描くことになります。無論のこと、俳優としてはともかく、ピコリさんに画才のあろう筈もありませんから、それなりの画家が吹き替えたデッサンの手元と、ポーズをとるベアール姐さんのカットバックであり、実に堂々たるテンポの描写が延々と続きます。私の『**アサルトガールズ**』のカタツムリの長廻しや、『**パトTNG**』の芸者の踊り長廻しは悪評芬々なのに、こちらの退屈極まりない長廻しに対して抗議が湧き起こらない理由はといえば、ひとえにベアール姐さんの裸体が見事だからであって、他にありません。

巨匠の芸術とお前のいかがわしい映画を同列に語るな、という声が聞こえてきそうですが、だからこそ『**美しき諍い女**』は未だに名作として再放送されているのです。私に言わせればカタツムリも芸者の踊りも女優のハダカも同じことであり、映画はドラマ以前にフェティッシュの実現形式なのですから、むしろ同列に語るべきなのですが、世間の考えは明らかに異なりますし、『**尼僧ヨアンナ**』の堂々たるテンポに死にかけた助監督のカネコも『**美しき諍い女**』のそれには見事に耐えてみせることでしょう。

衆寡敵せず、とはこのような事態を指す言葉なのです。私は堂々たるテンポも長廻しも嫌いではありませんが（どちらかと言えば好きですが）、問題なのはベアール姐さんの裸体のインパクトが強過ぎて、ピコリさんの苦悩の内実がサッパリ判らないことです。この映画は以前にも何度か観た記憶があるのですが、何度観てもピコリさんの苦悩の内実は皆目分かりません。これは確信的推論として言うのですが、この映画を観た観客の95パーセントは「理解不能」であったに違いなく、しかもそのことが不満であった人は殆どいなかった筈です。観客の95パーセントが理解出来る作品を成立させることがハリウッドにおける監督の絶対条件であると明言したキャメロンも、「理解できなくとも成立する映画はあり得る」ことに同意せざるを得ないでしょう。

以前にも書いたか喋ったかしたことがあったと記憶しますが、ペキンパーの『**わらの犬**』は凄まじい暴力とエロの充溢した映画であり、しかも結果として人間という理解不能な存在を浮かび上がらせることに成功した傑作なのですが、その成立条件に大きく与ったのがスーザン・ジョージの見事なオッパイであったことは間違いありません。

まさに女性の裸体の威力を証明する格好の事例でしょう。繰り返しますが、映画はまず何を措いても「フェティッシュを実現する形式」であり、ドラマや主題は二の次三の次であるに過ぎません。芸術性やエンタメという大儀に惑わされてはなりません。

それにしても、エマニュエル・ベアールという女優さんは、外向きのオッパイと童顔のアンバランスが際立つ、不思議な女優さんです。今頃は、きっと大したオバさんになっているでしょう。4時間を超える大長編です。その堂々たるテンポに耐える自信のある方のみにお薦めします。ベアール姐さんにのみ興味のある方は、録画早送り機能をフルに活用すれば対応可能です。

ちなみに、私は例によって全篇を通して観たことは一度もありません。今回も真ん中あたりを1時間半ほど鑑賞してから、明日のために安らかな眠りに就きました。

んじゃまた。

●その33『美しき諍い女』

(『La Belle Noiseuse』／91年／仏)
監督／ジャック・リヴェット
出演／ミシェル・ピコリ、エマニュエル・ベアール、ジェーン・バーキン

長尺な作品が多いことでも知られるフランスの監督リヴェットがバルザックの短編『知られざる傑作』をベースに映画化。オリジナルバージョンは238分、短縮版は125分。エマニュエル・ベアールの脱ぎっぷりのよさが際立つ作品だが、それと同時に彼女と画家の心理戦的な部分もありスリリングでもある。カンヌ映画祭では91年のグランプリを獲得している。黒澤明は90年代のお気に入り映画の1本に本作を選出。ちなみにもう1本は北野武の『HANA-BI』(98)だった。

その 34
熟れた快楽

今回はドイツの不倫映画です。

タイトルからすると、深夜にCS系で放映されているエロい官能系の映画のようですが、そんな映画を自宅で鑑賞するなどという行為が許される筈がありません。許される筈はないのですが、犬猫はもちろん人間も含めた全家族が寝てしまった後に、就寝前の「消音映画」としての鑑賞は、これはもう誰が咎めることもありません。「熟れた」という前置詞つきですから、これはもう熟女の不倫映画に違いないと確信し、プチプチを握りしめて布団に入りました。

結論から言うと、不倫を描いた映画には違いないのですが、エロくも官能的でもなく、どちらかというと変態バイオレンス系の映画でしたので、無用な期待は抱かないで読んでください。

まずもってヒロインのオバさんは「熟女」以前の問題として、美しくもなんともありません。まあ可愛いといえば可愛くなくもないのですが、それは世に謂う「仔豚の可愛らしさ」の類いで、そういって良ければ典型的なドイツの豊満系のオバさんです。例によって途中からの鑑賞なので、詳細は詳らかにしませんが、専業主婦らしく掃除やら料理やらのシーンが延々と続きます。鑑賞開始から10分でエロも官能も諦めたほうが良さそうな展開ですが、妙に坦々としたテンポの描写の先にいかなるドラマが展開するのかが気になったので、もう少し観ることにします。

旦那はといえば、夕方には帰宅して夫婦だけの食卓を囲みますが、食事中は終始無言で、食後に「美味かった」しか言いません。公務員か高校の教師なのか、少なくともヤクザやマフィアには見えませんが、登場した瞬間からＤＶ濃度の高そうなテンション人間の匂いを漂わせています。翌日も同じように掃除して料理して…と、このままでは映画にならないのと違うかと制作者も脚本家も監督も考えたのでしょう。街に出た奥さんがふと立ち寄った本屋さんで、一冊の本を手にしたところからドラマがようやく重い腰を上げます。どうやら不眠症でもあるらしい奥さんは、買い求めた本を朝まで一気読みして、そのままソファで寝てしまい、旦那は朝食抜きで働きに出掛けます。

実はこの間に、散歩で知り合いになった老農夫が木から落っこちて死んだりする、意味不明のエピソードがあったり、その死についての夫婦の会話があったりするのですが、それが不倫と何のカンケイがあるのか良く判りません。判らせようという演出の痕跡も感じられませんが、どことなくヒロインの荒涼とした心象風景ではあるのかもしれません。どうやら、そんじょそこらの欲求不満の主婦の不倫映画とは違うようです。

私の苦手な文芸映画の香りがしてきたので、消して寝ちゃおうかとも思ったのですが、珍しく眠気が催してこなかったりしたので、もう少し付き合うことにします。

何が気に入ったのか、奥さんは一気読みした本の著者の講演を聴きに出かけますが、これがなんとドイツ人の専売特許みたいな性科学者の中年男です。しかも研究対象のポルノ映画の蒐集にハマり、連日連夜の自慰しまくりの変態中年男なのですが、変態とはいいながら学者には違いないので、旦那より遥かに知的で物腰も柔らかく、しかも奥さんの美しさを絶賛しまくります。

二人の清い交際が始まります。

二人は大真面目のようです。変態の性科学者は奥さんへの愛の証しとして禁欲生活を始めます。（と言っても自慰の欲求に耐えるだけなのですが）「今日で禁欲14日目です…愛を込めてナントカより」みたいな手紙が連日のように届きます。まるで高校生の文通のようです。

私が中学生の頃に流行った「文通による男女交際」のようです。お若い読者はご存じないでしょうが、学習誌が仲介し、学校が指導した「文通交際」というものが熱心に奨励された時代があったのです（ちなみに私は北海道の女子中学生と文通していましたが、2回くらいで書くことがなくなったのでやめてしまいました）。

冷静に考えると相当にヘンな関係であり、いい歳をした中年の男女がやることではないと思うのですが、恋する二人にとっては奇妙でも何でもないのでしょう。もはやエロでもなんでもなくなってきたのですが、あまりにケッタイな展開ではあるし、この落とし前をどうつけるのかが気になってきたので、もう少し付き合うことにしました。

唐突に二人の関係が旦那にバレます。凄まじいDVの嵐です。グーで散々に殴られた奥さんは家を飛び出し、ベルリンの学者のアパートに転がり込みます。話には聞いていましたが、書斎の棚は蒐集したポルノDVDで埋め尽くされています。まるでアニメオタクの息子の部屋のようですが、ポスターどころかパッケージのジャケットすら画面に映されないのは、ただのアブないマニアではないことを主張したい監督の演出意図なのでしょう。

監督も大マジのようです。二人の愛の生活が始まりますが、無論セックスレスの禁欲関係です。いったい何をガマンする理由があるのか、理解に苦しみます。

で、何をするかと思えば、奥さんは変態学者の求めるままにハダカになったりするのですが、この後に及んでも変態学者は指一本触れるでもなく、奥さんの美しさを絶賛するだけです。堂々たる肉体ですが、美しいかというと微妙なところで、少なくとも劣情の類いは1ミリも湧いてきません。これで終わりかと思ったら、そこはさすがに筋金入りの変態ですから、それで済む筈がありません。

「無理強いはしないが、君の毛を切らせてくれないか」

「いや、髪の毛ではなく」

どうやら剃毛趣味もあったようです。奥さんも奥さんで、拒否することも出来るのに剃らせます。どうやら奥さんもヘンな人のようですが、これは二人の純愛の儀式なのかもしれません。これでめでたく変態カップルの誕生かと思ったら、奥さんは自宅に戻ると宣言してアパートを去ります。

これもまた想定外の展開です。精神的不倫の果てに家出までやらかしたのですから、DV亭主の報復が待ち構えている自宅になぜ戻るのでしょう。ところが「美味かった」しか言わなかった旦那が、多弁を弄して夫婦関係の修復を図ります。無言で聞いていた奥さんが二階の寝室に上がり、服を脱ぎ捨てて旦那の前に立ちます。

変態学者に剃らせた後のことですから、意図的な挑発でしょう。

当たり前ですが旦那がブチ切れます。精神的不倫かどうかはともかく、不倫相手がテーモー大好きの変態と判明し、しかもそれを拒否しなかったことを宣言したも同然の意思表明なのですから、最低最悪の裏切りであり、ここで理解を示す亭主は地球上に存在しないでしょう。凄まじいバイオレンスが炸裂します。グーで殴るどころではありません。奥さんの頭を掴んで顔面をテーブルに叩きつけます。ただし、三池映画でも北野映画でもないので、以下はハイスピードでおしゃれな北欧風の家具が砕け散る映像がモンタージュされます。あくまでエロや暴力が主題ではない、という監督の意図なのでしょう。

シーンが変わって、包帯グルグル巻きのミイラ男（女）と化した奥さんが病院のベッドで目覚めます。これだけやられてよく死ななかったもんだ、というような医師や看護師の会話が聞こえます。ベッドの傍らには愛人の変態医師も控えています。

「いまの私ってどんな姿なのかしら」

「何と言うべきか…鼻がヘシ折られて不本意な姿かもしれないが、すぐにまた美しい君に戻れるさ」

…みたいな不思議な会話があり、病室も二人の表情も希望に包まれたような明るいラストシーンです。旦那は絶望して自殺したのか、逮捕されて刑務所行きになったのかは定かではありませんが、もはや二人の関係に障碍はありません。幸福感に包まれて映画は終わります。私も安堵して眠りに就きました。

どうにも奇妙な映画ですが、これは要するに「DV旦那と変態親父の二者択一」もしくは「どちらもダメでしょ」というようなことではなく、実は真面目な純愛映画であり、もしかしたら暴力の洗礼を受けることで愛を成就させる「受難劇」なのかもしれず、日本人にはいまいち判り難い宗教的情熱を語る映画なのかもしれません。

まあ、ヘンな中年の変態的純愛映画でもいいのですが。私は「よく出来た凡庸よりも破綻した情熱」を評価する主義なので、時間の無駄だとは思いませんが、さすがに今回はどなたにもお薦めしません。驚くべきことにDVDが発売されています。

んじゃまた。

●その34『熟れた快楽』

(『Gleissendes Glueck』/16年/独/劇場未公開)
監督/スヴェン・タディッケン
出演/マルティナ・ゲデック、ウルリッヒ・トゥクール、ヨハネス・クリシュ

ドイツ人のタディッケンは『パイレーツ・オブ・バルティック　12人の呪われた海賊』(09) 等を撮っていてエロな監督ではないよう。が、その一方で、自分の目の前で妻を凌辱したヤツに復讐する男を描いた『ビューティフル・カップル　復讐の心理』(19) 等を撮っているところを見ると、夫婦の在り方に興味があるのかもしれない。押井さんがあまり魅力を感じなかったヒロインのおばさんことゲデックは『善き人のためのソナタ』(06)『リスボンに誘われて』(13)、ロバート・デ・ニーロ監督作『グッド・シェパード』(06) 等に出演しているドイツの実力派女優。変態おじさん役のトゥクールは『白いリボン』(09)、『女は二度決断する』(17) 等で知られるドイツのベテラン役者。実はちゃんとした役者の共演による真面目な夫婦の愛のドラマなのだった。ドイツ語のタイトルの意味は「輝ける幸せ」。

Interview

あとがきにかえて

押井 守

（聞き手／渡辺麻紀）

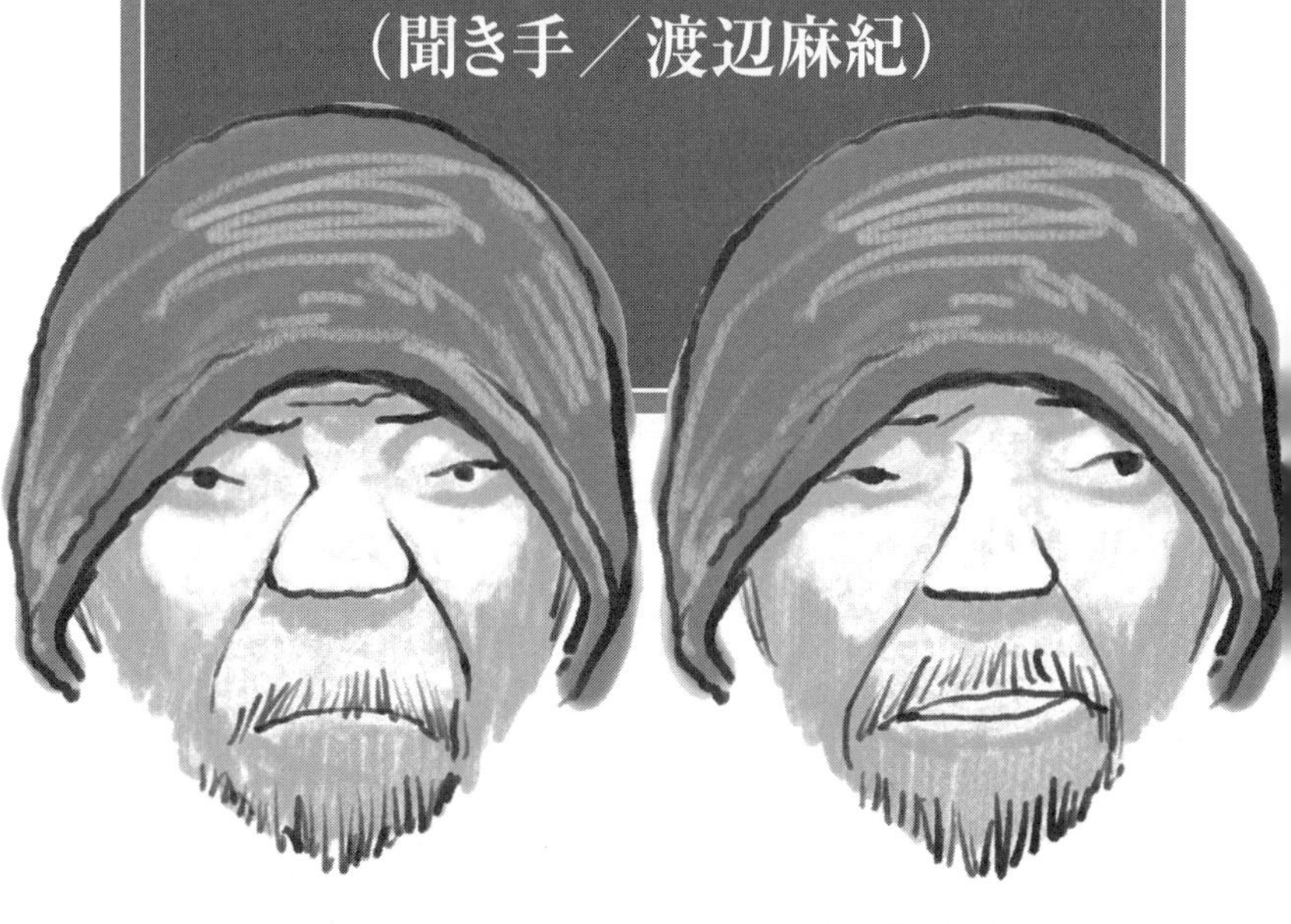

映画は自宅で楽しむ時代になった

――この本は、押井守監督の『TVをつけたらやっていた』、『実写映画 オトナの事情』に続く第3弾です。前2作は2001年から『月刊アニメージュ』で連載されていたコラムを書籍化したものので、本作は、そのタイトルを引き継いだ押井さんのメルマガのコラムをまとめています。ただタイトルは、もうTVという時代でもないので、『ネットしてたらやっていた』となっています。

押井 **『アニメージュ』で連載を始めた2001年くらいは地上波やBS、CSで映画を楽しんでいたけれど、今それはほとんどない。アタミの自宅が難視聴地域という問題もあるとはいえ、そもそも地上波のテレビで映画を放映する枠も非常に少なくなった。今の地上波の映画枠って『金曜ロードショー』(『金曜ロードSHOW!』)くらいなんじゃないの? そういうときに「TVをつける」というのはまずありえないだろうから、「ネット」にしたほうがいいと考えたんだよ。**

――取り上げていらっしゃる作品の多くはネットでご覧になっているという印象ですね。それに、ここ数年はNetflixやAmazon prime video等の配信の勢いも侮れませんから、テレビの地上波で映画を観るという選択肢はとても少なくなりました。

押井 **私が観た映画、いわゆる傑作や名作と呼ばれる作品も含めて、そのほとんどはTVの「ライオン奥様劇場」的な番組で観ているんだよ。当然、2時間なり90分なりの枠のなかに収め、なおかつCMもあるわけだから、本編はカットしまくっている。私はそういうなかで名作を観てきたわけ**

です。

『アニメージュ』で連載を始めた20年前も、映画はほぼテレビで観ていた。地上波ならカット版だし、カットしないBSやCSであっても、宅急便が来たり、ネコのゲロを掃除したりと、最初から最後までちゃんと観た映画を探すほうが難しいくらい。

もうひとつの鑑賞法としてはDVDやBD等のソフトを購入するという選択肢もあるけれど、買っちゃうと安心して観ないことも多く、気がついたら同じ作品の違うフォーマットのものを3枚も買ってしまったなんてことにもなる。最近では『ブラックホーク・ダウン』(01)のDVDを3枚持っていることに気づいて、初めてDVDで最初の15分くらいを観た。新鮮でしたよ(笑)。

——そういう意味では本当に映画の鑑賞方法は変わりましたね。仕事で何かの映画を観なきゃいけなくなると、数年前まではビデオレンタル店に走っていましたが、今では配信で観ることが出来る。そういうとき、便利さを痛感します。

押井 いずれにしろ映画は、基本的に個人で楽しむ時代になった。自分の家で個人的に楽しむんです。

——押井さんは、劇場には行かないんですか?

押井 めったに行かないね。昔と違って今は、時間が出来たからフラッと入って途中から観たり、気に入ったからといって2度3度続けて観ることも出来ない。学生時代は名画座の3本立てのうち1本を観るために、どうでもいい2本も観ていて、その経験が私の監督としての原点にもなっている。観たくもない映画を「この演出はどうなのか?」「このキャスティングに無理はないか?」とか、「何でそっちに話が行っちゃうのか?」なんて批判的に観ていた。そういうことが出来たのも入れ替え制じゃなかったからですよ。

今のシネコンだと、観たい映画も公開して時間が経つと、早朝か最終に回されて時間調整が出来なくなって諦めるなんてことになる。本当に不自由になったと思うよね。しかも最近の劇場のロビーにはソファや椅子を置いてないでしょ? こういう劇場の様変わりは、私のような映画の観方をしていた者をますます遠ざけてしまうんです。

昔は映画館に行って自由にアンパン食ったり、コーヒー飲んだり出来たし、ソファに座って煙草を吸い、夏は涼むことも出来た。パチンコ店みたいなもんですよ。当時は映画館もパチンコ店も一日中いても怒られなかったからね。

――今の映画館は座席も指定だし、事前にチケットを予約しなきゃいけなかったりする。昔を知っている人間からすると、確かにかなりめんどくさい。

押井　家のほうが絶対にラクチンですよ。いまのところ、劇場の強みは音響くらい。これだけはなかなか家では再現が難しい。私も40万円くらいするヘッドホンを使っているけど、このレベルを知ってしまうと後戻りはできなくなる。ゲームだってこのヘッドホンを使っていますからね。

今はゲームも音が重要になっていて、敵が近づいてくるときの音や、隣の部屋の扉が開く音、そういう音が非常に重要。これが聞こえないと殺されちゃうときだってある。要するに、画面には出ていなくても、世界は拡がっていることを教えてくれるのが音の力なんです。だから、こだわる人は、金がなくったって最高のヘッドホンを買う。

――確かに音響は普通の住宅では難しいでしょうね。

押井　映画はどんどん変わってきている。昔は映像を観ること自体に価値があって、それに客はお金を払っていた。映画館だけが映像を観られる場所だったからだよ。しかしテレビが登場し、家でも映像を観られるようになった。うちの親父は、幼い私を連れて毎日のように映画館に通っていたけど、うちにTVが来たらピタっと行かなくなったからね。

今はというと、TVのみならずインターネットもあり、街中にも映像があふれている。そうなると当然、お金を出して何を観るのかという選択肢が生まれ、映画の在り方自体が問われるようになった。

――ということは、映画を選ぶ基準も大きく変わったということですね。

押井　もう映画評なんてのは成立しません。細々と映画評論の本は出ているようだけど、それはガイドなんかじゃなく学問だから。観客がそういうのを読んで映画を観るという時代はとうに終わっている。今の観客の指針はネットやFacebook、Twitter等のSNS。頼りになるのは評論家ではなく、一般のファンだからね。

私はそういうのをすべて経験して来ているという意味で、凄く面白い時代に生きていると思っている。

配信は社会的行為なのか

――クリエイターとしての押井さんは、配信に対してはわりと否定的な立場ですよね？

押井　確かに配信はそもそも好きじゃないんだけど、それ以上に今は地上波でアニメシリーズをオンエアすることに何の意味もないと思っている。なぜなら、地上波でオンエアしても（制作費を）回収できないからですよ。

これまではDVDやBD等のソフトを売って回収していたものの、今はもうソフトが売れない時代。だから、根本的にアニメを制作する意味が変わって来た。もちろん、ソフトが売れれば問題はないんだけれど、その場合はコアなファンがついてないといけない。そういうファンを掴もうとするなら、企画自体を相当コアなものにする必要がある。そういう流れだと、拡がりがどんどん消えて行くんですよ。

――そうは言っても、相変わらずTVアニメは作られているんじゃないですか？

押井　なぜなら、スタジオやプロダクションはお金を回さなきゃいけないから。自転車操業していれば、とりあえずスタッフは食っていけるので続けているんです。

――押井さんが配信を認めていない最大の理由は何なんですか？

押井　いつも言っているように、私は映画やアニメを制作するというのは社会的行為だと思っている。社会に発信して、そのリアクションを喚起するからですよ。そしてもうひとつ、いつも言っている私の持論、「映画は語られて初めて映画になる」。配信にはその部分がばっさりないでしょ？

――でも、みなさんSNS等でいろんな感想や意見を発信していますよ。それは「語っている」や「リアクション」にはならないんですか？

押井　それが信用できるの？　Amazonのコメントと政治家ほど信用できないものはありません。

私はネットの言論なんてほぼ100％信用していない。Amazonの書評等は食べログの感想と何も変わらないよ。そもそも、他人の評価を気にすることがどうかしている。みんな、無駄な買い物をしたくない、無駄な時間を費やしたくないから他人の評価を読むんだろうけど、失敗してこその食べ歩きであり、読書であり、鑑賞。自分で失敗するからこそ学べるんです。それを回避してどうするんだと言いたい。

ネットにあふれている評価のほとんどは素人が書いている。彼らには「好き」と「嫌い」しかないから「評」にはなっていないんです。それを評価の基準にしているということは、すでにネットに思考をからめとられていると言っていい。

劇場は「観る」から「経験」する空間へ

――じゃあ押井さん、どういう映画なら劇場に行こうという気持ちになるんでしょうか。

押井　ちょっと前になるけど、大ヒットしたクィーンの伝記映画『ボヘミアン・ラプソディ』（18）

や、爆音上映が話題になった『マッドマックス』（『マッドマックス　怒りのデス・ロード』（15））は集団で観る意味がある。おそらくコロナ禍で大ヒットした『劇場版「鬼滅の刃」無限列車編』（20）も。なぜなら、それらを観たい人のほとんどが、その映画を「体験」したいから劇場に行ったんです。劇場は「観る」というより「体験する」空間になったと言えるんじゃない？　みんなで快感を追体験しようしているんです。

――押井さん、『鬼滅の刃』は観てないですよね？

押井　観てないけど判る。ヒットした事実から考えるとそういう構造だということが判るんです。それに今回は新型コロナの影響もあった。これがとても大きいと思う。ずっと続いた自粛期間が明け、やっとエンタテインメントを「体験できる」ようになった時期に合わせて公開されたから、みんな劇場に詰めかけたんです。そういう状況下のときに劇場で観るという行為はやはり特別だろうからね。

――私も『鬼滅』は観ていないんですが、TV版の続きなんですよ。にもかかわらず400億円を叩き出した背景には配信があったからだという人もいるようです。TVシリーズ全話をNetflixとAmazon primeでやっていましたから、『鬼滅』初心者はちゃんと予習も復習も出来る。

押井　そういう場合は配信が役立っているんだろうけど基本、配信はバイキング料理みたいなもんだから。好きなものを好きなだけ、好きな時間に観ることが出来る。そのなかにはいい作品があることは、私も判っています。でもその前に、消費のためのシステムのほうが圧倒的に機能しているんですよ。

――配信のヘビーユーザーの私からすると「今日は何を観ようかな」というノリはあるので、確かにバイキング料理という感じはあるかもしれません。

押井　でもさ、もしかしたらこの変化は、グーテンベルク以来かもしれないよ。活字がない時代は「語り部」が物語を臨場感たっぷりに伝えていたけど、文字が印刷されて本になると黙読が出来るようになり、人間の思考が変わることになった。いや、人間の在り方が変わったと言ってもいいかもしれない。今のこの変化はそれに近いと思うよ。映画は「観る」から「体験する」に変わったんだから。

多くの映画監督が、ネット配信と聞くとため息を漏らしているようだけど、そんなことをしている状況じゃない。好き嫌いはさておき、私もそれは判っています。

――でも、映画人って劇場にこだわってしまいますよね。スピルバーグが数年前のオスカーのあと、Netflixをアカデミー協会から締め出そうとしたのも、そのこだわりのひとつの表れだと思います。

押井　そんなことを言った時点で、スピルバーグはもうNetflixに負けてしまっている。こういうこだわりは映画人であればあるほどもっていて、そういう人は過去の自分の成功体験でしか思考できないから、今の時代にどういう映画を作ればいいのか、判らなくなるんだろうと思うよ。

――今やNetflixの作品がオスカーのノミネート作にズラリと並ぶ時代。しかもNetflixの加入者はこのコロナの影響があって全世界で2億人を超えていて、年間収入は驚愕の2兆6000万円くらい。（ジェームズ・）キャメロンの『アバター』の製作費（およそ230億円）の約100倍ですよ。毎月『アバター』が9本、1年で〝100アバター〟も作れる資金源って凄くないですか？

押井　〝1アバター〟という単位はいいね（笑）。昔、セガから『シェンムー』というビッグタイトルのゲームが出て、その製作費も青天井だった。だから「1シェンムー、2シェンムー」なんて数え方をしていたんですよ（笑）。『バーチャファイター』の鈴木裕さんが先頭に立って作ったんだけど。そのあとにスクエアが『ファイナルファンタジー』（01）を3Dアニメーションで作って大コケしちゃったよね。

――あ、その映画、ハワイで取材しました。ハワイのスタジオで制作してましたよね？

押井　日本の名だたるアニメーターを1000万円単位（のギャラ）で引き抜いてハワイに連れて行ったんです。彼らにとっては、まさに濡れ手に粟状態。しかもハワイに行ったのはいいが、CGの開発が進まないので仕事がなくヒマという状態が続いた。原画1枚3000円とか5000円で仕事していた身にとっては、まさに天国ですよ。でも、そういう人たちが帰国すると、もう昔のようには描けなくなっていた。アニメーターというのは毎日、いっぱい描かないと腕は確実に落ちて行くから。カンも鈍っちゃうしね。それに、当時のCG映画は、技術の開発のスピードが速くて、制作しているうちにどんどん時代遅れになるというトラップもあった。『ファイナルファンタジー』はそれにハマっちゃったんだよ。

――とはいえ、そういう捨てゴマ的役割を果たしてくれる作品がないと技術や映像は先に進めないというところもありますよね……いや、押井さん『ファイナルファンタジー』の話はいいんですよ。このコロナ禍でハリウッドのスタジオは劇場よりも配信のほうに舵を切っちゃったことのほうが大きな問題なんです。

押井　映画の在り方が違ってしまったんだから仕方ない。だから、グーテンベルク以来の進化と言っているんですよ！

ＶＦＸふんだんの大作なら当然、劇場用に作ったほうがいいけど、普通の人間ドラマは配信でやったほうがいいんじゃないの？　海外ドラマのアドバンテージってキャスティングの層の厚み。セリフがちょっとしかないビルの清掃係のおっさんに至るまで、みんな本当に上手いから、ちゃんと面白くていい作品が生まれる。日本の作品は勝負になりませんよ。

――日本の場合、映画もＴＶドラマも、演技が出来ることよりルックスのほうが重要だからですよね？　洋画を観ていると邦画の貧しさを痛感するんですが、今回のコロナの影響でハリウッドが止まっていたこともあり、日本人の洋画離れが加速しているようです。映画サイトでは洋画ニュースへのアクセスが激減しているという話を聞きました。

押井　サイトで検索するのは若い子たちなんじゃないの？　でも、そういう子たちだって『アベンジャーズ』シリーズが再開すれば劇場に行くと思うよ。劇場でこそ真価を発揮する『TENET テネット』（20）だってちゃんとヒットしたじゃない。劇場で体験したい映画はどんな映画なのか、ちゃんと判っていると思いますよ。

――ということは、コロナ禍がひとまず終われば、洋画のニーズも高くなる？

押井　そうだと思うよ。ハリウッドでしか作れない映画があることには違いないから。

ただ、日本人の場合は、知っている人が出演しているドラマを好むという風潮は強いし、もしかしたらより強くなったのかもしれない。邦画やTVドラマに出ている面子が同じなことからも、それはよく判る。知っている役者が出ている、知っている漫画や小説のアニメ化やドラマ化を好むのが日本人なんです。

――冒険が嫌いというか、石橋を叩いて渡るのが日本人？

押井　というより、ただリスクを避けたいだけ。Amazon の評価に目を通すのと同じですよ。

今はメディアにヒエラルキーがない時代

――配信が増えて、作るほうもメディアを選べる時代になりましたが、押井さんはどれがもっとも作りやすいんですか？

押井　気持ち的に一番すっきりするのは映画だよ。映画館で育ち、自己形成した空間だからね。

――クリエイターとして映画やTV、配信等でモチベーションは違うのでしょうか。

押井　ひと昔前は、映画が王様で、OVA（オリジナル・ビデオ・アニメ）が舞台（公演）、TVが日常なんていう構造だった。私は『天使のたまご』（85）というOVAを作ったんだけど、そのときは、映画ではないのにもかかわらず、お金を払った人しか観られないから、監督としてはやりたいことが出来ると考えて作ってしまった。まあ、そのおかげで仕事を干されちゃったんだけどさ（笑）。

――そうでしたね（笑）。

押井　そのあとのOVA業界は、どんどんエロに染まっていき、世にいう〝くりいむレモン事件〟が起きたんだけど、これ知ってる？

――OVA作品の『くりいむレモン』シリーズ（84〜）の存在は知ってますが、その事件は知らないです。

押井　『くりいむレモン』のムックを徳間書店が作ったとき、宮さん（宮崎駿）が激怒して、徳間からもらったトロフィーか何かを叩きつけて壊しちゃったという〝事件〟のことですね。

――でも、宮崎さんだって……。

押井　そう、ロリコンですよ（笑）。で、『くりいむレモン』には名だたるアニメーターが参加していた。庵野（秀明）や森山（雄治）、『うる星やつら』の制作メンバーの多くも参加している。みんな原画1枚2000円とかでやっていたのは有名な話だよ。そしてエロのOVAをジャンピングボードにして、アニメみたいな実写版『童貞物語』（86）が作られたんです。

――そういう時代もあったんですね。

押井　でも、今はそういう媒体のヒエラルキーはない。全部フラット。映画だからお金をかければいいという考え方はもう古いんじゃないの？　つまり、モチベーションに違いはなく、作り方をメディアに合わせている。出口が違うんだから作り方が違ってくるのは当たり前です。

――予算等のお金はあまり関係ないということですか？

押井　日本映画の場合、昔みたいに４００館、５００館で上映するような映画は、少なくなったと思う。私も、そういうのを目指すより10館、20館でもいいから、２０００万とか３０００万の製作費で勢いのある作品をどんどん作ったほうがいいと考えている。映画が面白ければ、自然と公開規模も拡がって行くから。『カメ止め』（『カメラを止めるな！』（17））がまさにそうだったから。

――口コミで拡がった映画でしたね。

押井　観客の立場で言うと、大作を観たいのならハリウッドの作品を観ればいい。彼らの映画はインターナショナルで勝負できるから１００億、２００億円かけても元が取れる。でも、日本の場合は基本、ドメスティックにならざるを得ないから、大作と言ってもせいぜい20億円程度。ハリウッドとは勝負にならない。

だから、企画性のある作品、個性が光る作品をどんどん作って上映していくしかない。やる気のある若いクリエイターに２０００万円渡して作らせてみたりするのも面白いと思うよ。私もそのなかに混じって映画作るから（笑）。その程度の金額なら回収できるだろうしね。

――配信で作る場合はどうなんでしょうか？

押井　アメリカの配信やケーブルは映画のスタジオよりお金をもっている。〝１００アバター〟の時代に突入しているわけだから（笑）。確かに、私がハマったHBOのシリーズ『ゲーム・オブ・スローンズ』（11〜19）なんて1エピソードに何億かけてんだって感じだったからね。ちゃんとヒットすれば、長いドラマも端折ることなく作れるが配信やケーブルの強みですよ。『ブレードランナー』（82）のようなストーリーラインが1本しかないものは映画でいいんだけど、ファンタジーのようにストーリーラインが同時に何本もあるような作品は、シリーズじゃないと面白さが伝わらない。配信は単発勝負じゃなく、そういうジャンルにこそ向いていると思うよ。

ただ、アニメに関しては懸念がないことはなくて、日米合作になっちゃうんじゃないかという心配がある。以前に起きた合作ブームは、潤沢な外国資本が制作スタジオに注ぎ込まれるというので、ぴえろもタツノコプロも飛びついたけれど、リテイクが半端なかった。何度も何度も直しをやらされて、これが本当にキツイ。しかも、スタジオにはほとんど権利がないので、下手するとただの下請けになってしまう危険性もあった。いまのNetflixと日本のアニメの関係が、かつての合作時代にならないという保証はないからね。

——なるほどですね。

押井　さっきも言ったように、これまでのアニメスタジオは、制作費の不足分をＤＶＤやＢＤの販売で補ってきたんだけど、今はそういうパッチも有効じゃなくなった。にもかかわらず、アニメは驚くほどの本数が作られている。メジャーのアニメスタジオなんて、何年も先までスケジュールがパンパンだからね。つまり、日本のアニメ業界はいろいろ試行錯誤の時期ということですよ。

――押井さん自身も、ついに『ぶらどらぶ』という初の配信作品を手がけましたからね。昭和のアニメを意識したような作風がかえって新鮮でした。

押井　おおむね「じいさんしかわからんだろう」みたいな反応のようだけど、技法と方法論としては最先端。少なくとも私はそう思っている。３Ｄモデルを作るだけで何十万もかかるので、今回はプラモデルを使った。自衛隊の16式機動戦車を筆頭に、戦闘機、自走砲、魚雷艇なんて全部プラモデル。

――それはびっくり！　そうは見えませんでした。

押井　普通に観ているだけだと、よくある3Ｄ−ＣＧだから。画面分割をよくやっているのは、そうすることで画面を豪華に見せたかったから。お金をかけずに豪華さを演出できると思ったんですよ。最初から、そういうことを考えながら絵コンテを切ったからね。

――スプリットスクリーンというかマルチスクリーンは（ブライアン・）デ・パルマを思い出したせいか、スタイリッシュな印象でしたけど。

押井　『ぶらどらぶ』の私のテーマは「古い酒を新しい革袋に盛れ」。普通は「新しい酒は新しい革袋に盛れ」なんだけど、その新約聖書の言葉をアレンジして、新しくアプローチを試みたんですよ。

配信では、Netflixのポン・ジュノの『オクジャ／okja』（17）のアニメ版という企画もあった。ポン・ジュノ自身からアニメ版を作って欲しいというオファーがあり、私もヤル気になっていた。〝愛する動物を食べられるのか〟というテーマは、動物好きの私としてはとても興味深いものだったからです。すぐにコンテも切ったし、キャスティングも考えていた。ところが、ポン・ジュノの実写版のほうが数字的に成功しなかったので、アニメ版企画も頓挫しちゃったんだよ。
まあ、そういうふうに、実際は実現まで漕ぎつくのはなかなか大変です。

──『ぶらどらぶ』はAmazonで観たんですが、ほかの配信でも観られたんですよね？

押井　いわゆる〝独占〟ではなくマルチ配信になった。その部分はよかったと思っている。それに、ロシアとかブラジルとか、いろんな国でも配信されているのはクリエイターとして嬉しいですよ。まあ、どう翻訳されているかというところは気になりますが（笑）。

自分が好きなように映画を作れる時代は終わった

──いまの時代、作家性というのはどうなんでしょう？　映画監督は、それを大切にしているようですか。

押井　これまで何度も言ってきたことだけど、映画監督を語るときの「作家性」というのは「錯覚」にすぎない。自分のなかでは「芸術家」だとか「教授」とかいう捉え方の人がいるだろうけど、私に言わせれば、そういうのは映画監督の一番の美味しいところを捨てているとしか思えない。何で映画監督が作家や芸術家を名乗るのかと言えば、単純にそっちのほうが偉いと思っているからですよ。でも絶対、映画監督のほうが上です。なぜなら、何をやったっていいんだから、監督のほうがダンゼン面白いって。

――芸術家だって何をやってもいいんじゃないですか？

押井　実際はそうだよ。でも、映画監督でありつつ、そっちに寄っている人はダメだって言っているの。昔、敏ちゃん（鈴木敏夫）が「宮さんって普段、あんなに面白いのに、映画になると急に作家になりたがってつまんなくなるんだよなー」と言っていたけど、これは100パーセント正しい。ジブリ美術館でしか観られない宮さんの短編、どれをとっても傑作ですよ。とりわけ、セリフの一切ない『めいとこねこバス』（02）なんて大傑作。『となりのトトロ』（88）なんて目じゃないから。ああいうのを観ると、宮さんは典型的な短編監督。長編に向かないんですよ。なぜなら、長編になると途端にテーマや主張を入れたがるから。そんなの誰も求めてないでしょ？　でも、本人は司馬遼太郎と並ぼうとしたりする。宮さんが大好きな作家だからね。私は、そういう作家性を作品に持ち込むなと言いたい。もっと純粋に、子ども向けの作品だけ作っておけばいいんです。

――もしかして宮崎さん、文化人コンプレックスみたいなものがあるんですかね？

押井　あると思うよ。司馬遼太郎と堀田善衛と宮さんの三人で鼎談をやったことがあるんだけど、あれだけお喋りの宮さんが、ただの学生みたいになっちゃったからね。あとのふたりに圧倒されちゃって、合いの手を入れて聞いているのが精一杯。鼎談と呼べないものになっていた。

――そうですか。

押井　宮さんのことはさておき、今回は映画の構造がドラスティックに変わったということが言いたかった。その構造を理解できれば、それに合わせた作品が作れる。そういうなかで自分のやりたいことを考えて行かなければ失敗するのがオチ。自分の好きなように作れるような時代はもう終わっているんです。

それに私は、他人の作品（原作）を借りたほうが、よっぽど面白いものが出来ると思っている。原作もドストエフスキーとか、そんな難しそうなのじゃなく、もっと親しみのある小説。その距離感によって、作品を客観的に見ることが出来るから。

YouTube にはいろんなヒントが隠れている

——作品と言えば今回は YouTube で見つけたものが多いですよね。

押井　うん。でも、YouTube から何か新しい情報を得ようとしているわけじゃない。私が求めているのは動画のテクニックなんですよ。どうやって自分を編集して見せるのか、それを見るのが興味深い。ゲームだろうが雑談だろうが、必ず編集はしている。見比べれば一目瞭然。編集によってここまで違うんだと言うことが、改めて判るんです。

——それ、よく判ります。私もネコの動画で、この人、編集力あるなーという作品に、たまに出会いますから。

押井　『ハーツオブアイアン』（『HoI』）という戦略シミュレーションゲームがあって、これをプレイしている一派の動画が凄い。戦略シミュレーションというジャンルはマイナーだし、プレイに40時間くらいかかる上に、いろんな知識がないと楽しめない。だから、これをプレイする人たちというのは、頭でっかちで蘊蓄もたくさんある。そういう人たちが作る動画は洗練のされ方がちょっと違っていて、会話の部分はウィンドウが出て、それぞれが発言するというスタイルになっている。コンピュータのAIを使っているんだけど、この感覚は新鮮だった。私は新しい映画の形式かもしれないとまで思っているからね。

ちなみに、『ぶらどらぶ』のマルチスクリーン、あれはアドベンチャーゲームからヒントを貰っている。YouTubeやゲームにはホント、いろんなヒントがたくさん隠れているんですよ。

――なるほど。ところで押井さん、今回、一番みなさんにおススメしたい作品はどれでしょうか?

押井 『Fallout 4』です。いまもやっていますから(笑)。これを除けば、ここで取り上げている作品のほとんどは「オススメできません」ということで載せているとも言えるしね(笑)。『女猫雀士雀奴(ジャンヌ)闘牌伝説』なんて、おススメできると思う? これを取り上げたのは単に、麻雀Vシネマに昔から興味があったということを書きたかっただけですから。麻雀を知らない人が観ても、まずまったく楽しめない。

――でも、このタイトルは笑えます。それだけで観てみたいという物好きな人がいそうですよ(笑)。

押井守

MAMORU OSHII

映画監督。1951年生まれ。東京都出身。東京学芸大学教育学部美術教育学科卒。大学在学中、自主映画を制作。1977年タツノコプロダクションに入社。スタジオぴえろを経て、フリーに。おもな作品は『うる星やつら オンリー・ユー』(脚色・監督／83年)、『うる星やつら2 ビューティフル・ドリーマー』(脚本・監督／84年)、『機動警察パトレイバー』(監督／89年)、『機動警察パトレイバー2 the Movie』(監督／93年)、『GHOST IN THE SHELL／攻殻機動隊』(監督／95年)。『イノセンス』(監督・脚本／04年)はカンヌ国際映画祭コンペ部門にノミネートされ、08年に公開された『スカイ・クロラ The Sky Crawlers』もヴェネチア国際映画祭コンペ部門に出品されている。2015年『ガルム・ウォーズ』を発表。最新作は2021年公開の『ぶらどらぶ』(原作・総監督)。

押井守の映像日記
ネットしてたらやっていた

2021年9月30日　第1刷

著者　押井 守
イラスト　黄瀬和哉
発行者　小宮英行
発行所　株式会社徳間書店
〒141－8202　東京都品川区上大崎3－1－1目黒セントラルスクエア
電話　03－5403－4341(編集)
　　　049－293－5521(販売)
振替　00140－0－44392

印刷・製本　大日本印刷株式会社

編集担当　石井 大

ISBN978-4-19-865359-0